高等教育学学科建设丛书

丛书主编 ● 张德祥 李枭鹰

高等教育学元研究十二讲

十二讲

李枭鹰 ● 著

GUANGXI NORMAL UNIVERSITY PRESS

广西师范大学出版社

· 桂林 ·

图书在版编目（CIP）数据

高等教育学元研究十二讲 / 李枭鹰著. -- 桂林：广西师范大学出版社，2023.12
（高等教育学学科建设丛书 / 张德祥，李枭鹰主编）
ISBN 978-7-5598-6643-1

Ⅰ. ①高… Ⅱ. ①李… Ⅲ. ①高等教育学－研究
Ⅳ. ①G640

中国国家版本馆 CIP 数据核字（2023）第 228641 号

广西师范大学出版社出版发行

（广西桂林市五里店路 9 号　邮政编码：541004）
网址：http://www.bbtpress.com
出版人：黄轩庄
全国新华书店经销
广西广大印务有限责任公司印刷
（桂林市临桂区秧塘工业园西城大道北侧广西师范大学出版社
集团有限公司创意产业园内　邮政编码：541199）
开本：787 mm × 1 092 mm　1/16
印张：12.25　　字数：180 千
2023 年 12 月第 1 版　　2023 年 12 月第 1 次印刷
定价：46.00 元

如发现印装质量问题，影响阅读，请与出版社发行部门联系调换。

总　序

我国的高等教育学学科自 20 世纪 80 年代初创建以来，经过近四十年的建设与发展，已经形成以高等教育学为主干的学科群。但总体来说，高等教育学还不是一个成熟的学科。这需要我们进一步加大力度，推进高等教育学的建设与发展。

高等教育学走向成熟需要加强多层次的高等教育研究。高等教育学应高等教育的发展需要而诞生，但高等教育作为一种社会活动不会自动转化为高等教育的"学科形态"。高等教育学的诞生、发展、壮大和繁荣，时时刻刻离不开高等教育科学研究。因为，离开了高等教育科学研究，就不会有任何的关于高等教育的学问，自然也就不会有高等教育学的诞生、发展、壮大和繁荣。从高等教育学学科建设的角度看，这套丛书倡导要加强元高等教育学研究或高等教育学元研究、高等教育学原理研究、高等教育学子学科建设研究和高等教育重大理论问题研究，是中肯的和值得肯定的。

高等教育学走向成熟需要加强高等教育学子学科建设。学科不断分化又不断综合是学科发展的基本趋势，而分化又是综合的前提和基础。一般地说，学科分化以子学科的形态呈现，即子学科的繁荣程度可以反映学科的分化程度；任何一个学科走向成熟，离不开该学科各子学科的支撑。高等教育学的建设与发展，一方面需要社会学、政治学、经济学、文化学、管理学、政策学等学科的参与和支持，而且这些学科发展得越好，可以为高等教育学提供的启发和借鉴就越多；另一方面更需要高等教育学各子学科的支撑，而且这些子学科发展得越好，高等教育学就越能横向拓展和纵深推进。目前，高等教育学各子学科发展态势良好，但总体上还不充分不平衡，像高等教育学、高等教育管理学等子学科发展得好一些，其他子学科相对单薄一些，需要我们花更多的力气去耕耘、播种和浇灌。

　　高等教育学走向成熟需要出版社、学术期刊出版机构等各种学术成果之孵化平台的大力支持。目前，国内办了不少专门的高等教育学术刊物，各出版社也大力支持高等教育学学术著作的出版。一直以来，广西师范大学出版社对高等教育学著作的出版支持力度很大，除了出版大量的单本专著，广西师范大学出版社在 21 世纪初出版过由薛天祥教授主编的"高等教育理论丛书"，这套丛书对高等教育学学科的人才培养影响很大，不少师生从中获益匪浅。如今，广西师范大学出版社又联合大连理工大学高等教育研究院，策划、组织、编写和出版"高等教育学学科建设丛书"，以专题形式研究高等教育学各子学科中的经典问题、前沿问题、热点问题和难点问题，这对我国高等教育学的学科发展和人才培养意义重大。

　　高等教育学走向成熟需要高等教育学学术共同体的共同努力。任何学科的成熟都是一代又一代研究者艰苦耕耘的结果，而且每一代有每一代的责任和使命。这对高等教育学而言也不例外。多年来，大连理工大学张德祥教授潜心于高等教育科学研究，带领学术团队勤耕不辍，在高等教育多个研究领域取得了可喜的成就，如今又带领学术团队立足于其成员各自的研究生课程教学，恪守经典性、学术性、前沿性、教育性和可读性的原则，采用灵活性较强的"讲义"形式，以高等教育学各子学科为核心和重点，编写和出版"高等教育学学科建设丛书"。这套丛书涉及多个高等教育学子学科，充分展现了新一代高等教育学研究者建设与发展高等教育学学科的责任感和使命感，用两位总主编在前言中的话说就是，"进一步促进高等教育学学科建设，为高等教育学学科建设和高等教育学学科人才培养提供必要支撑，并为新时代中国特色社会主义高等教育理论体系的丰富完善增砖添瓦"。对于这套丛书的策划、组织、编写和出版，我由衷地感到欣慰。最后，我真诚地希望参与这项工作的老师们不辞辛劳、不畏艰难、努力工作，高质量、高水平地把这套丛书呈现给读者。

　　是为序。

潘懋元

于厦门大学高等教育发展研究中心

2022 年 3 月 19 日

前　言

中华人民共和国成立以来,特别是改革开放之后,我国的高等教育科学研究取得了可喜的成就,为发展和繁荣我国高等教育学做出了突出贡献,在国家和各级政府制定高等教育政策中发挥了不可替代的智库作用,为解决高等教育改革发展中的实际问题提供了理论指导和行动指南。面向未来,高等教育科学研究要有更大作为,为我国高等教育现代化建设做出更大贡献。

我国高度重视教育科学研究,教育部专门印发了《关于加强新时代教育科学研究工作的意见》,明确提出"丰富完善中国特色社会主义教育理论体系"的宏伟目标。中国特色社会主义高等教育理论体系是中国特色社会主义教育理论体系的有机组成部分,高等教育理论工作者有责任和义务为之丰富完善做出积极的努力和贡献,而加强高等教育学学科建设是奠基之举。为此,我们有必要加强四个方面的高等教育科学研究。一是元高等教育学研究。元高等教育学主要探讨高等教育学的学科本质、学科本体、学科本原、学科属性、学科方法、学科边界、学科分类、学科价值等问题,以及高等教育学为何形成、如何形成和怎样发展,从总体上或全局上引导高等教育学学科建设。二是高等教育学原理研究。高等教育学原理揭示了高等教育的本质及其运行、发展的一般规律,提供了认识、解释高等教育的基本框架,贡献了指导高等教育实践的一般原则,对高等教育学学科建设具有根基性意义。三是高等教育学子学科建设研究。我国的高等教育科学研究已形成以高等教育学为主干的学科群,但各子学科发展还不充分不平衡,需要我们大力推进高等教育学子学科高水平集群化发展,为高等教育学学科发展提供强有力的支撑。四是高等教育重大理论问题研究。高等教育的建设、改革和发展会经常碰到各种高等教育重大理论问题,研究这些高等教育重大理论问题不仅是指导高等教育实践的需要,也是建设高等教育学学科体系的需要,还是丰富完善中国特色社会主义高等教育理论体系的需要。

为全面推进元高等教育学、高等教育学原理、高等教育学子学科建设和高等教育重大理论问题等方面的研究,进一步促进高等教育学学科建设,为高等教育学学科建设和高等教育学学科人才培养提供必要支撑,并为新时代中国特色社会主义高等教育理论体系的丰富完善增砖添瓦,我们恪守经典性、学术性、前沿性、教育性和可读性原则,策划、组织、编写和出版这套"高等教育学学科建设丛书"。这套丛书拟包括《教育学基本理论十二讲》《高等教育学元研究十二讲》《高等教育学十二讲》《高等教育政治学十二讲》《高等教育社会学十二讲》《高等教育问题十二讲》《高等教育评价学十二讲》《大学课程与教学论十二讲》《高等教育伦理学十二讲》等著作。这套丛书的作者以大连理工大学高等教育研究院的老师为主,以国内相关领域的专家学者为辅。整个研究团队不畏艰辛、不怕困难、精诚团结,为丛书的顺利完成倾注了大量的时间、心血和汗水。尽管如此,这套丛书仍或存在这样或那样的不足,敬请各位读者包容和批评指正。

这套丛书的策划、组织、编写和出版,自始至终得到了广西师范大学出版社的大力支持。广西师范大学出版社在我国高校出版社中名列前茅,一直以来十分重视高等教育学著作的出版,为高等教育学学科建设提供了独有的支持,如今又全力支持这套丛书的出版。对此,我们由衷地感谢!

张德祥　李枭鹰

2022 年 3 月 10 日

目 录
Contents

第一讲
走近高等教育学元研究

之所以说是"走近"而非"走进",是因为还在边缘徘徊,是因为还在远处观望,是因为还在雾里看花。之所以说是"高等教育学元研究"而非"元高等教育学研究",是因为元高等教育学"尚未成形",即未形成"学科形态"或"接近完成的学科形态"①,又何来以元高等教育学为研究对象的"元高等教育学研究"?

那么,为什么"还要"讨论高等教育学元研究,又为什么"可以"讨论高等教育学元研究? 一是因为"学科形态的高等教育学也走过了近四十年的发展历程"②,形成了以高等教育学为主干的学科群,对"高等教育学及其现象"进行反思性研究或再研究的条件已经具备;二是因为对"高等教育学及其现象"进行反思性研究或再研究,是高等教育学走向成熟或实现科学化发展的内在需要;三是因为"高等教育学元研究"是建立"元高等教育学"的基础。

一、何为元研究

"元"的英文为"meta",意为"在……之后""超越""总的"等。③ 这与汉语之"元"的意蕴大相径庭。在汉语中,"元"主要引申为"首要的""第一

---

① 元高等教育学在路上,元高等教育学研究也迟早会到来,而且必须到来,因为创建元高等教育学,加强元高等教育学研究,是高等教育学科学化发展不可舍弃的行动抉择。——笔者注

② 1983年高等教育学作为教育学的二级学科,被纳入国务院学位委员会颁布的研究生学科专业目录,标志着学科建制或制度形态的高等教育学诞生;1984年由潘懋元主编的《高等教育学》正式出版,标志着学科形态或知识形态的高等教育学诞生。——笔者注

③ 郑金洲."元教育学"考辨[J].华东师范大学学报(教育科学版),1995(3):1-14.

的""根本的""天地万物的本源"等。

元研究尤其是元理论研究,兴起于西方国家。如今,国内有不少学科或领域也在探讨元理论或元学科问题。元研究具有很强的自我反思性和自我批判性,各学科或领域的元理论或元学科研究的兴起,一方面反映了人们越来越关注所在学科或领域的规范发展和生发机理,另一方面反映了该学科或领域的研究正在走向理性、自觉和成熟。

高等教育学元研究属于元研究的范畴,只不过是"高等教育学"的元研究而已,因而讨论高等教育学元研究须先从"元研究"说起。20 世纪 90 年代,华东师范大学以瞿葆奎、陈桂生、唐莹、郑金洲等为代表的一批学者,开始研究"元教育学"问题,产出了一批有深度、有创见、有影响的学术成果,其中,唐莹的《元教育学》(人民教育出版社 2002 年版)最为系统。

那么,什么是元研究?郑金洲教授认为"元研究(meta-study)也可理解为对先前研究的结果和过程进行的研究,即研究活动本身的再研究。它存在于非元研究之后,旨在探讨和分析隐于这些研究之中或背后的种种问题,有究其本原的意味";"元研究不完全等同于研究之研究","元研究也不完全等同于次级研究";元研究有两种范式,"一种是元伦理学、元哲学的研究范式,一种是元社会学的研究范式",后者是一种广义的元研究,研究对象包括"元理论、元方法和元资料分析";"元教育学要摆脱元伦理学等学科的厄运,就需要在注重对教育学理论自身如理论术语、命题、逻辑范畴等进行研究的同时,适当借用元社会学的研究范式,扩大元研究的视野,在研究中将元理论、元方法与元资料分析有机地统一起来"。[①] 我们赞同广义的元研究,并主张从这种立场出发,去界定、设计、研究、讨论高等教育学元研究。

各学科或领域的元研究成果,经由概念化、原理化、逻辑化和系统化,形成各种"元学科",诸如元科学、元哲学、元数学、元逻辑学、元伦理学、元语言学、元物理学、元化学等,这些学科以各自的"对象学科及其现象"为研究对象。元学科不是一个具体的学科名称,而是各种具体的元学科的统称。具体的元学科主要以"对象学科及其现象"为研究对象,如元伦理学以"伦理

---

① 郑金洲."元教育学"考辨[J].华东师范大学学报(教育科学版),1995(3):1-14.

学及其现象"为研究对象,元科学以"科学及其现象"为研究对象,元数学以"数学及其现象"为研究对象,元语言学以"语言学及其现象"为研究对象。过去,我们普遍认为元学科是以"对象学科"而非"对象学科及其现象"为研究对象,采取的是元伦理学或元哲学而非元社会学的研究范式。

元学科有其独特的研究对象、研究使命和研究承诺。当代中国生态美学家袁鼎生教授认为,元学科主要阐述本学科的生发缘由、生发意义、生发规律,探索本学科的理论基础与逻辑构成,是一门研究本学科为何形成、如何形成、怎样发展的学问。[①] 不难洞见,在袁鼎生教授眼里,元学科的研究对象是"对象学科及其现象",暗含一种"以反思、质疑和批判的态度审视对象学科的条件、过程和结果"的取向,即通过这种反思、质疑和批判,修正、完善、丰富、延拓、升华对象学科,形成更具解释力、改造力和预测力的高阶理论。元学科要着力于探明对象学科的元范畴、元范式和元理论,谋求"元范畴—元范式—元理论"共轭的元学科,而就具体的对象学科而言,元范畴、元范式和元理论之间存在一种"共变关系":一个学科若没有形成元范畴,就难以规约学科体系、学术体系和话语体系;若没有形成元范式,就无法提出元问题、形成元理论;若没有形成元范畴、元范式和元理论的环回对话,就不能生成真正意义的元学科;元范畴、元范式和元理论是元学科整体生成的"擎天柱",是元学科创生、发展、创新的"玄武石"。

元学科在对象学科群中占据独特的生态地位,具有特殊的生态价值。从发生学的视角看,每一个元学科既处在对象学科群的总结点上,又处在对象学科群的生发点上。站在总结点上回溯,元学科由对象学科群聚形或抽象而来,没有对象学科群的发展就没有元学科的诞生;元学科可谓对象学科群的"高峰"。站在生发点上前瞻,元学科向对象学科群分形或具体而去,统摄、规约和领航对象学科群的生发;元学科可谓对象学科群的"领头羊"。在该意义上,根据袁鼎生教授提出的整生论(即"以一生万,以万生一,万万一生,万万生一,一一旋生"的世界整生图式),作为集大成的学科,元学科既是"以万生一"的,也是"以一生万"的。元学科或学科的元研究具有特殊的意

---

① 袁鼎生,袁开源.范式整生论[M].北京:科学出版社,2021:4.

义,"一门学科的元研究不是为元研究而元研究,而是通过元研究来揭露对象学科理论的缺陷,推动对象学科的发展"①,兑现统摄、规约和领航对象学科群的承诺。

二、何为高等教育学元研究

高等教育学元研究与元高等教育学是两个极易混淆的概念,二者既相互联系,又彼此不同。因此,无论求解高等教育学元研究还是元高等教育学,皆有必要讲清二者之间的关系。

(一)求解元高等教育学

什么是元高等教育学?李均教授认为,中国的高等教育学自创建以来,与其相关的"学科建设研究"大体包括三种形式:"一种是根据高等教育的实际需要,直接提出高等教育学学科的研究对象、学科性质、研究方法、学科体系的思路等理论和观点;第二种形式是对已经提出的关于高等教育学学科对象、性质、方法、体系理论以及其他各种高教理论和观点进行分析、论证和评论;第三种形式是对高等教育学科发展历史的回顾和反思。"②同时,他认为第二种形式、第三种形式属于元高等教育学研究,第一种形式不属于元高等教育学研究。李硕豪教授在借鉴元教学之研究成果的基础上,认为"元高等教育学是以语言形态或知识形态的高等教育学为研究对象的一个研究领域"或"以高等教育学自身的理论陈述和研究状况为研究对象",同时强调"元高等教育学研究的问题有:高等教育学理论陈述的规范性分析;高等教育学的研究对象、性质、理论结构、逻辑范畴等的探讨;高等教育学历史发展过程的考察;探索高等教育学理论形成的道路及不同的研究范式;对高等教育学研究共同体进行研究,辨识各种学术团体,分析这些团体及相互间的联系对高等教育学理论的影响;运用基本的元理论范畴去辨识和归纳高等教育学理论的现状,揭示和探讨一定时期内高等教育研究中面临的重大理

---

① 李均.元高等教育学引论[J].江苏高教,2002(4):18-21.
② 李均.元高等教育学引论[J].江苏高教,2002(4):18-21.

论问题"。① 不难看出,以上两位学者都强调元高等教育学的研究对象是"高等教育学"而非"高等教育",只是彼此所言的外延有所差异而已。

那么,元高等教育学的研究对象到底是什么?按照袁鼎生教授关于元学科的界定,我们将元高等教育学视为"主要阐述高等教育学学科的生发缘由、生发意义、生发规律,探索高等教育学学科的理论基础与逻辑构成,是一门研究高等教育学学科为何形成、如何形成、怎样发展的学问"。

(二)探问高等教育学元研究

高等教育学元研究是创立、建设和发展元高等教育学的基础,即没有高等教育学元研究,就没有真正的元高等教育学;元高等教育学脱胎于高等教育学元研究,又升华了高等教育学元研究。当然,诞生后的元高等教育学,又成为高等教育学元研究的考察对象,而此时的研究就具有"元高等教育学研究"的品性,即一种以"元高等教育学及其现象"为考察对象的研究。在此意义上,元高等教育学研究属于高等教育学元研究的范畴,但处在高等教育学元研究的高阶位,其难度最大。综合地看,高等教育学元研究主要以"高等教育学及其现象"②为考察对象。这里的高等教育学是群体性的,既包括高等教育学这个主干学科,也包括高等教育学的分支学科、交叉学科和边缘学科;这里的高等教育学现象主要指关于高等教育学以及高等教育学分支学科、交叉学科和边缘学科之研究的条件、过程和结果。进一步说,高等教育学分支学科、交叉学科和边缘学科的元命题、元语言、元逻辑、元评价、元统计等,属于高等教育学元研究的考察对象。一言以蔽之,"高等教育学元研究"是"高等教育学"的元研究,其涉及的范围到底有多宽,取决于我们对高等教育学之边界的界定。

为了更好地理解高等教育学元研究,我们可以将高等教育研究、高等教育学研究、高等教育学元研究和元高等教育学研究做个简单比较:(1)高等教育研究主要以"高等教育"为考察对象,主要以探索高等教育的运行发展

---

① 李硕豪.元高等教育学研究介评[J].现代教育科学,2002(7):47-49.
② 陈桂生认为,教育学的研究对象是"教育现象",元教育学的研究对象则是"教育学现象"。陈桂生."元教育学"问对[J].华东师范大学学报(教育科学版),1995(2):37-45.——笔者注

为核心;(2)高等教育学研究主要以"高等教育学的传统问题或经典问题"为考察对象,主要以构建高等教育学原理体系为核心;(3)高等教育学元研究主要以"高等教育学及其现象"为考察对象,主要以规范高等教育学学科建设和创新高等教育学体系为核心;(4)元高等教育学研究主要以"元高等教育学及其现象"为考察对象,主要以探寻元高等教育学的生发缘由、生发意义、生发规律为核心。当然,这种区分是相对的、简单的、粗糙的,只是为了便于理解;强调"主要"或"核心"而非"全部",意在避免以偏概全。相对而言,根据"高等教育"的现实需要,直接提出高等教育运行发展的理论、政策、制度、体制、机制、模式、方案等,当属"高等教育研究";根据"高等教育"的实际需要,直接提出高等教育学学科的研究对象、学科性质、研究方法、学科体系的思路等理论和观点,以及高等教育的本质、属性、目的、规律、结构、功能、价值等理论和观点,当属"高等教育学研究";根据"高等教育学"的发展需要,直接提出高等教育学学科的研究对象、学科性质、研究方法、学科体系的思路等理论和观点,当属"高等教育学元研究";根据"元高等教育学"的发展需要,直接提出元高等教育学的生发图式、生发规律和生发路径,当属"元高等教育学研究"。不难洞见,高等教育研究、高等教育学研究、高等教育学元研究和元高等教育学研究之间存在内在关联、相互倚辅、互释对话、互补融贯、彼此牵制的生态关系,四者构成高等教育学学科建设不可或缺的要件。总体而言,高等教育研究孕生了高等教育学研究,高等教育学研究孕生了高等教育学元研究,高等教育学元研究孕生了元高等教育学研究。反过来说,元高等教育学研究脱胎于高等教育学元研究,高等教育学元研究脱胎于高等教育学研究,高等教育学研究脱胎于高等教育研究,前者依次升华了后者。

作为一种高阶研究,高等教育学元研究强调以反思、质疑和批判的态度去审视"高等教育学及其现象"。单就理论而言,以反思、质疑和批判的态度去审视"高等教育学及其现象",就是以否定性的思维去对待各种高等教育学理论的前提、依据和支点,即揭示各种高等教育学理论的前提所蕴含的更深层次的前提、依据和支点,特别是要以否定性的思维去对待高等教育学理论家所占有的理论,以促进高等教育学理论的变革、创新和发展。真正伟大的理论(包括高等教育学理论)是开放的,从来不抵制外来的反思、质疑和批判,也不失自我反思、自我质疑和自我批判,这是一种哲学精神。对高等教育学学科建设而言,我们需要一种无知(相对于有知)的自警,需要一种常识(相对于科学)的自警,需要一种熟知(相对于真知)的自警,如此才能求得真正的高等教育学理论。

高等教育学元研究存在多种不同的类型或形式,它们既相互联系,又相互区别。比如,对高等教育学研究历史、研究成果、研究状态以及高等教育学如何产生、建设与发展的研究,属于"正本清源"的高等教育学元研究;对高等教育学的学科本质、学科本体、学科本原、学科属性、学科边界、学科价值、学科规律、元范畴、元范式和元理论等问题的研究,属于"固本培元"的高等教育学元研究。以上两者相互倚辅,又相互制约。无论是哪一种类型或形式的高等教育学元研究,无疑皆有助于我们从总体上或全局上规范、指引高等教育学的建设与发展。迄今为止,国内已有不少学者耕耘在"高等教育学元研究"这片领地,诸如薛天祥、王伟廉、龚放、张德祥、邬大光、周川、胡建华、刘海峰、张应强、李硕豪、王洪才、李均、王建华、付八军、刘小强、解德渤、方泽强等发表过非常值得尊重的学术成果。其中,李均的《中国高等教育研究史》(广东高等教育出版社 2005 年出版)、《元高等教育学论稿》(中国社会科学出版社 2020 年出版),王建华的《高等教育学的建构》(广东高等教育出版社 2009 年出版),刘小强的《学科建设:元视角的考察——关于高等教育学科建设的反思》(广东高等教育出版社 2011 年出版),方泽强的《高等教育学的学科建设研究》(广东高等教育出版社 2014 年出版),皆是这片领地上结出的"硕果"。从研究内容来看,王建华的《高等教育学的建构》,以人性假设为前提,以高深知识为基础,构建了个性化的高等教育学理论体系;刘小强的《学科建设:元视角的考察——关于高等教育学科建设的反思》,从元学科或元科学层次的反思出发,研究了高等教育学的学科建设问题,认为"今天的科学已经或正在进行转型,科学转型带来了学科框架的转变。学科框架的转变为高等教育学学科建设提供了新的方向、目标和策略";方泽强的《高等教育学的学科建设研究》,探讨了高等教育学的学科地位、研究框架、学科性质、学科关系、学科文化、发展动力、发展模式、学者使命等问题；李均的《中国高等教育研究史》，探究了高等教育研究及其历史轨迹、中国近代高等教育研究的产生和发展（清末—民国）、新中国高等教育研究的初步探索（1949—1957）、新中国高等教育研究的波折（1957—1976）、高等教育科学研究的起步、全国性高等教育研究组织的建立、第一部《高等教育学》的诞生、高等教育科学分支学科研究的初步开展、高等教育学科研究生教育的初步开展、"高等教育研究大国"的形成、高等教育学科群的形成、高等教育研究事业的巩固与发展、高等教育学科建设的进展、高等教育问题研究的进展、中国高等教育研究的反思与瞻望；李均的《元高等教育学论稿》，呼吁以元高等教育学的创建为基础，以元研究为视角与方法，分专题对高等教育学学科的意义、功能、品性、范式、道路、制度及后现代变革等核心问题进行了系统和深入的探讨。

自1983年高等教育学作为教育学的一个二级学科被纳入国务院学位委员会颁布的研究生学科专业目录以来，国家高度重视高等教育学学科建设，学界以高等教育学为研究对象，始终以一种反思、质疑和批判的态度去审视高等教育学研究的条件、过程和结果，形成了一系列的"交流对话"以及相关的学术成果。这些"交流对话"涉及的主要议题有：（1）关于教育内外部关系规律的"三次交流对话"，即"教育规律用'内部'和'外部'来表述是否合理""教育及其过程是否存在规律""教育内外部关系规律是否为一种适应论"[1]；（2）基于逻辑起点的高等教育学理论体系构建；（3）多学科研究是否为高等教育学的独特研究方法；（4）高等教育学是一门"学科"还是一个"研究领域"；（5）高等教育学作为"一级学科"或"交叉学科"的合法性；（6）高等教育学研究或学科建设应该着力于"构建理论体系"还是"解决现实问题"。

事实上，按照上文的界说，高等教育学元研究的议题还有很多，诸如：高等教育学独特的研究对象是什么？高等教育学是一门基础学科还是应用学科？高等教育学到底存在怎样的逻辑起点？高等教育学有无特有的概念与

---

① 李枭鹰.教育内外部关系规律的提出、对话和源流[J].厦门大学学报（哲学社会科学版），2020(5):48-53.

理论？高等教育学与其他学科的基本关系是什么？高等教育学独特的价值立场与学科使命是什么？高等教育学的学科生命力何以维持？高等教育学的现实挑战与未来抉择是什么？高等教育学的元范畴、元理论和元范式是什么？高等教育学的学科本质、学科本体、学科本原、学科属性、学科边界、学科价值、学科家族、学科发展规律、学科生发机制是什么？凡此种种，不一而足。毫无疑问，这些议题涉及高等教育学为何形成、如何形成、怎样发展，高等教育学元研究对这些议题应该予以关注，也必须予以关注。当然，如果站在"以一种反思、质疑和批判的态度去审视高等教育学研究的条件、过程和结果"的立场看，高等教育学元研究的议题还会随着高等教育学的发展而发展，这是一个与时俱进或与时推移的过程。

三、"误闯"高等教育学元研究领地

元研究存在于研究之后，存在于"非元研究"之后，是一种较为高级的逻辑形式，是一项颇有难度的"元创性工程"。用袁鼎生、袁开源在《范式整生论》（科学出版社 2021 年版）后记中的话说，"元创有规程：学人学着说与跟着说，继而接着说和重新说，可承续更新的学科理论，进而在元范式引领下，发现元问题，于首先说与从头说中，生发元理论"。学人之路曲折不平且漫长，从"学着说与跟着说"，到"接着说和重新说"，致达"首先说与从头说"，无一不是一种艰苦而费劲的爬坡、跳高和跳远。这还只是"元理论"的生发，若同时求解元范畴、元范式和元理论，其难度就可想而知了。

十多年前，我不谙深浅，也自不量力，妄图凭一时之热情，借鉴或仿照元教育学之研究成果，写一部《元高等教育学》，以期为高等教育学的学科建设尽点微薄之力。当时，我还草拟了一个"写作框架"，研究主题大概涉及高等教育学的学科本质、学科本体、学科本原、学科属性、学科边界、学科价值、学科家族、学科发展规律、学科生发机制以及高等教育学的元范畴、元范式和元理论。时至今日，那个"写作框架"依然只是一个"写作框架"。其中的原因一如王伟廉教授所言，即元教育学或元高等教育学是一个令人"望而生畏"的研究领域："一是其理论阐述上比较深奥，颇费理解。其中常常涉及到的多是哲学（而且主要是西方各派哲学观点）、科学学、语言学、语义学这样

一些一般教育研究者不太熟悉或涉猎不多的领域。不用说去研究'元教育学',就是先具备这些预备性知识就得花不少功夫。二是这类研究本来就具有形而上学研究的特点,与实际的教育问题之间存在'距离感',有时甚至颇为强烈。不用说尚未涉足这个领域的人,就是已经踏入'元'门槛的人,也保不准会打退堂鼓,鸣金收兵。"①元教育学或元高等教育学"这个问题虽然很重要(至少我个人认为它很重要),却很抽象,而且让人感到是在本来已很抽象的教育理论和复杂的教育研究活动之上做更抽象、更复杂的研究活动,因而有点曲高和寡的味道"②。对此,笔者深信不疑,也感同身受,然而又"强不知以为知",偏要硬着头皮去"舍身犯险",结果也就可想而知了。

不惟"元高等教育学"是一个令人"望而生畏"的研究领域,"高等教育学元研究"也是一个令人"望而却步"的精神之旅。用同侪的话说,"高等教育理论研究、高等教育学元研究、元高等教育学皆有很高的门槛,并非人人皆可跨过去"。对于高等教育学元研究,笔者只是一个非理性的"客串者",原本也只想"客串"一下。这一点在今天依然未变。作为一个不自觉的、非理性的、只想"客串"的高等教育学元研究者,笔者不小心闯进高等教育学元研究这片领地,主要导源于这些年为教育管理专业开设博士生课程"高等教育学基本理论专题"。这门课程的教学迫使笔者必须以一种反思、质疑和批判的态度去审视高等教育学一些既有的重要理论,必须直面和解答一系列具有"元高等教育学性质"的议题,诸如高等教育学是什么,高等教育学理论到底为何物,高等教育学应走向哪里,我们需要什么样的高等教育学……基于课程教学的迫切需要,笔者对高等教育学的学科属性、高等教育学的逻辑起点、高等教育学的学科体系、高等教育学的学术体系、高等教育学的话语体系、高等教育学的元范畴、高等教育学的使命与彼岸、高等教育学的建设之路等问题进行了力所能及的探索,形成了一些零零星星的学术成果,并发表了数篇充满个人之见解的拙文。现将这些没有严格逻辑关系的成果汇集成册,采同侪之建议而将其冠名为《高等教育学元研究十二讲》,并将其纳入

---

① 王伟廉.对当前元教育学研究的认识[J].上海高教研究,1997(7):12-15.
② 王伟廉.对当前元教育学研究的认识[J].上海高教研究,1997(7):12-15.

"高等教育学学科建设丛书"，权当"滥竽充数"，或增加某种"统计学"的意义。

　　本书汇集了十年之成果，但依然粗浅丑陋，说其是高等教育学元研究的"怪胎"一点也不为过。因为，本书没有经过概念化、原理化、逻辑化和系统化的"理论孕育"，远未达到高等教育学元研究的"理论高度"。尽管如此，笔者依然"冒天下之大不韪"出版此书。这绝非为了沽名钓誉，实为抛砖引玉。说实话，这是一种艰难而纠结的抉择。此时此刻，笔者只能用卢梭的话来安慰自己，一个深居简出的人，把他的文章公之于世，既没有人替它吹嘘，也没有人替它辩护，甚至不知道别人对他的文章想些什么，或者说些什么，那么，即使他的见解错了的话，他也不用担心别人不假思考就会接受他的错误的。① 在为学上，笔者深知"独学与共学具有内在的互补性和互塑性，为学在独学与共学的耦合中升华"②，但还是偏爱于或执着于独学。

---

①　卢梭.爱弥尔[M].李平沤,译.北京:商务印书馆,1996:1(原序).
②　李枭鹰.为学在独学与共学的耦合中升华[J].现代教育论丛,2019(06):93-96.

第二讲
高等教育学合法性的判据

———— ❀✕❀ ————

　　每一个学科都存在一个合法性问题。一般而言,是否存在独特的研究对象或研究方法,被视为一个学科是否具有合法性的两大判据。正因为如此,我国的高等教育学自 20 世纪 80 年代初创建以来,一直在遭受"是否存在独特的研究对象或研究方法"的诘问。关于这个话题,高等教育学界已有不少的讨论或对话,结论大概有三种:一是认为既存在独特的研究对象,也具有独特的研究方法;二是认为存在独特的研究对象,但不具有独特的研究方法;三是认为既不存在独特的研究对象,即跨学科的研究领域,也没有独特的研究方法,即共享社会科学研究方法。今天,我们再次说起这个话题,可算是老生常谈,但作为"高等教育学基本理论专题"课程的教学内容,这个话题依然存在深入讨论或再次讲授的必要性,并非一个可有可无的话题。

一、高等教育学之独特研究对象的确证

　　从根本上看,一门学科之所以可以成为一门学科,是因为其有独特或独有的质的规定性。每一门学科有每一门学科的质的规定性,并据此而形成自身的独立性、独特性和不可替代性。那么,何为一门学科的质的规定性?学界普遍认为,独特的研究对象及其特殊矛盾,构成学科的质的规定性。用毛泽东的话说,"科学研究的区分,就是根据科学对象所具有的特殊的矛盾性。因此,对于某一现象的领域所特有的某一种矛盾的研究,就构成某一门科学的对象"①。潘懋元先生认为,"一门学科的建立,最基本的根据只能是

———————————

① 毛泽东选集:第 1 卷[M].北京:人民出版社,1966:284.

有它的独特的、不可替代的研究对象,有它特殊的基本规律"①。言下之意,是否拥有独特的研究对象,是判定一门学科是否成立或可否建立的基本依据;独特的研究对象是学科的"基本属地",也是学科立足于学科之林的"根据地"或"大本营"。当然,这种"属地"或"根据地"或"大本营",是相对的而非绝对的,因为最初的知识原本是一个混沌的整体,当下的知识则是相互关联在一起的整体,是立体网络态的整体。正因为如此,当今世界的任何一个学科的存在和发展,都离不开自身之外的其他学科尤其是相近相邻学科的支撑。在那些具有相关性、相容性、相生性和共生性的学科群中,各学科之间具有难以割舍的血缘关系,即各学科的研究对象具有典型的交叉性、渗透性、融合性和家族相似性,彼此之间的学科边界犬牙交错、相互嵌入,难以划清。

学科学也认为,一门学科之所以存在,其合法性主要源自它有独特的研究对象。亦即说,独特的研究对象是一门学科"何以必要""何以可能""如何可能"的前提和基础,研究对象是否明晰和准确则是衡量一门学科是否成熟的重要依据和标志。从生发逻辑来说,先有独特的研究对象,后有对这一独特研究对象的研究,再有以与此相关的专门知识为基础的学科的诞生。但就一门学科而言,其研究对象在最初往往是不太清晰、不太明确的,甚或是相当模糊的。抛开研究对象不说,就连学科的名称恐怕也不是最初就有的,最初的知识自在自为地孕育着、生成着、存在着和发展着,然后到了适当的时候才有了自己的名字,亦即说,很多学科在没有名字之前,与之相关的知识就已经诞生了。正如恩格斯所言,"人们远在知道什么是辩证法以前,就已经辩证地思考了,正像人们远在散文这一名词出现以前,就已经在用散文讲话一样"②。

事物出现,形成表象,对其命名,生发概念,是唯物主义的认识路数。事实上,世界万事万物一开始都是"无名"的,即命名是人为的产物,在人为之命名之前,它们已经存在了。一般而言,研究对象伴随着学科的诞生、发展、

---

① 潘懋元.中国当代教育家文存:潘懋元卷[M].上海:华东师范大学出版社,2006:28.
② 马克思恩格斯选集:第三卷[M].北京:人民出版社,1995:485.

成熟而日益清晰,即学科的研究对象存在一个从模糊到清晰的过程,存在一个从点到线、从线到面、从面到体的过程,而这个过程正是一个学科孕育、诞生、发展和成熟的过程。对此,张祥云认为"作为一门独立学科确定下来,正像社会科学园地中其他许多学科的产生一样,即便我们还没有来得及清楚地理解这一学科研究对象特殊性的含义,作为学科它却已经存在了"①。在我国,恐怕有不少学科是这样,诸如,高等教育学在 1983 年作为教育学的一个二级学科被纳入国务院学位委员会颁布的研究生专业目录,而作为该学科的标志性成果——潘懋元主编的《高等教育学》则出版于 1984 年。且不说高等教育学,自教育学孕育、诞生、存在和发展以来,学术界对于教育学的研究对象的争论一直没有停止过,"教育说""教育规律说""教育现象说""教育问题说"②等都是关于教育学之研究对象的不同论说。不惟教育学如此,哲学作为学科之母也是如此。我们知道,在黑格尔之前,西方哲学史可谓一部以探索现象背后的本质为核心的形而上学史,在他之后,哲学发生了转向,其研究对象走向多元,并由此而孕生了关注意志、存在、生命、道德、情感、语言等的形形色色的哲学流派。比如,在逻辑经验主义看来,西方哲学已有两千多年的历史,但 20 世纪 30 年代之前所有哲学研究的问题,都不在哲学应该研究的范围之内。

高等教育学之研究对象的明晰和确定,也存在一个过程或需要一个过程,但这并不否定高等教育学具有独特的研究对象这一客观事实,以及应该具有自身独特的研究对象或学科边界这一合法性前提。关于高等教育学独特的研究对象,高等教育学界有过专门研究,一些学者从矛盾性出发提出了"特殊矛盾说""规律说""特殊规律说""特殊矛盾和发展规律说"等见仁见智的论说。诸如,郑启明、薛天祥认为高等教育学"专门研究高等教育所特有的矛盾"③;田建国等认为"高等教育学是研究高等教育规律的一门科学"④;胡建华、周川、陈列、龚放认为"高等教育学的研究对象既不是泛泛的

① 张祥云.论高校对教育范畴的突破及其认识意义——对高等教育学研究对象特殊性的理论探讨[J].上海高教研究,1991(2):1-4.
② 刘伟芳.我国教育学研究对象的历史考察和现实探讨[J].当代教育科学,2005(13):3-6.
③ 郑启明,薛天祥.高等教育学[M].上海:华东师范大学出版社,1985:5.
④ 田建国.高等教育学[M].济南:山东教育出版社,1990:4.

高等教育,也不是高等教育规律的应用,而是高等教育的特殊矛盾和发展规律"①。当然,并非所有的学者都赞同这些说法,诸如:许庆豫认为应该"从多维的角度理解高等教育学对象"②;李长文认为"高等教育学学科的对象必将超出高等教育自身而向社会的经济、政治、科技、文化及生产和生活方式等领域泛化,这是高等教育研究和高等教育学学科建设的客观需求"③;刘小强认为高等教育学的独特研究对象是作为一个系统的高等教育,这个对象是一个边界模糊、包容复杂的系统,而不是"排他式""垄断式"的现象,"高等教育学的研究对象要从'现象'对象走向'系统'对象"④。这些见仁见智的界定或论说,一方面反映了高等教育的复杂性以及高等教育学建设任重而道远;另一方面表明高等教育学正走在成长、发展和成熟的路上,而"处在不成熟时期的高等教育学研究,对于学科研究对象存在不同的理解和不同的理论视角都是符合科学发展的历史逻辑的"⑤。

任何新学科的孕育、诞生、崛起、发展、壮大和繁荣,都不是某种偶然因素刺激的结果,而是内外部多重力量交互作用的产物。按照学科学研究专家陈燮君的说法,新学科的破土而出,是多种力量叠加或交织的结果:有客观的历史条件和现实环境,有强烈的历史使命感的召唤,有一定的理论准备,有现代化建设的需要,也有学科带头人的大胆开创和积极探索,特别是许多综合性新学科的开拓,更是多学科、攻关群体共同努力的结果。⑥ 作为一门年轻的学科,我国高等教育学的孕育、诞生和发展符合这一规律。回眸历史,以潘懋元先生为代表的高等教育学创始人,立足于"高等教育区别于普通教育的特殊性以及高等教育对象的特殊性",根基于高等教育内外部关系规律的探究,创建了扎根中国大地的高等教育学。在世界高等教育研究

---

① 胡建华,周川,陈列,等.高等教育学新论[M].南京:江苏教育出版社,1995:5.

② 许庆豫.从多维的角度理解高等教育学对象[J].上海高教研究,1994(3):13-16.

③ 李长文.高等教育科学学科建设中的基本理论支点[J].上海高教研究,1998(3):11-14.

④ 刘小强.独特对象独特方法——关于高等教育学学科建设的思考[J].江苏高教,2007(1):13-14.

⑤ 张祥云.论高校对教育范畴的突破及其认识意义——对高等教育学研究对象特殊性的理论探讨[J].上海高教研究,1991(2):1-4.

⑥ 陈燮君.学科学导论——学科发展理论探索[M].上海:上海三联书店,1991:10.

史上,这是一个伟大的创举。

　　高等教育学不仅具有独特的不可替代的研究对象,而且有其不同于普通教育的特殊规律,因此,它有充分的理由成为一门独立的学科,而且应该成为一门独立的区别于普通教育学的学科。高等教育学是一门关于高等教育的学问,高等教育学的特殊性根源于高等教育的特殊性,而高等教育的特殊性又根源于以高深知识为最基本的加工材料。我们认为,"高深知识是走进高等教育的入口,是理解高等教育的一把钥匙,高等教育功能或价值则依凭高深知识而释放:高深知识既是高等教育孕生的必要条件,又是判定高等教育特殊性的根本所在,也是高等教育、人的发展和社会的发展形成超循环关系的链条;大学学科是高深知识不断分化与综合的产物;大学课程是专门化、逻辑化和系统化的高深知识"①。潘懋元先生认为,高等教育与普通教育的区别集中表现在两个方面:一是高等教育是建立在普通教育基础上的专业教育,以培养专门人才为目标;二是教育对象为全日制大学本科生,他们主要是二十岁左右的青年,身心发展已趋于成熟。② 高等教育的特殊性不仅是高等教育学孕育、诞生、存在和发展的理论依据,也是高等教育学可以成为一门独立学科的基本条件。目前,中国高等教育学的概念体系、话语体系、理论体系、方法论体系、学科体系等,正处在探索、形成、拓展、发展和完善的过程之中,也就是说,高等教育学在成熟的途中,但这并不能否认高等教育学作为一门独立学科的必要性、合理性和合法性。

　　那么,高等教育学的研究对象到底为何?从学科命名的源头看,潘懋元先生在 20 世纪 50 年代编印的《高等学校教育学讲义》,暗含"高等教育学即为高等学校教育学"的论断。目前,高等学校教育学已成为高等教育学的"真子集",后者比前者的疆域要广阔许多。尽管如此,高等教育学的研究对象依然主要是高等学校的教育和教学,抑或说高等学校的教育和教学才是高等教育学的独特研究对象,像哲学、政治学、经济学、社会学等或许会从本学科的视角研究"高等学校的教育和教学",但永远不会将高等学校的教育

---

① 张德祥.高深知识是理解高等教育的一把钥匙[J].高等教育研究,2015(12):22-23.
② 潘懋元.高等教育学[M].北京:人民教育出版社,1984:3.

和教学当成自己的主要研究对象。我们认为,高等学校才是高等教育学研究的核心议题,否则,高等教育学就是无根的,高等教育学研究就是抛锚的,并且有"不务正业"之嫌。那么,研究高等学校的哪些方面?研究高等学校内部的各种要素、各种关系、各种现象、各种矛盾等,同时揭示它们的规律。2015年以来,潘懋元先生建议高等教育学界加强高等教育微观领域各种问题的研究,希望高等教育学多探讨一些高等学校的教育和教学问题,因为这是高等教育学的独特研究对象,其他学科并不专门研究这些问题,甚或对这些问题根本不感兴趣。当然,高等教育学也不能只是局限于研究高等教育的内部关系问题以及形形色色的微观问题,还要考察高等教育的外部关系问题以及相关的宏观或中观问题。

高等教育学的诞生、存在和发展有其合法性,不仅在于高等教育学拥有独特的研究对象,还在于高等教育学作为一种制度化或组织化的存在,已成为国内许多大学人才培养的基本组织,以及国家高等教育政策的生发器,高等学校改革与发展的策源地。美国学者伊曼纽·华勒斯坦经过考察发现,一个学科的诞生一般具有这样一些特征,即"首先在主要大学里设立一些首席讲座职位,然后再建立一些系来开设有关课程,学生在完成课业后可以取得该学科的学位。训练的制度化伴随着研究的制度化——创办各学科的专业期刊,按学科建立各种学会(先是全国性的,然后是国际性的),建立按学科分类的图书收藏制度"①。从现实来看,我国高等教育学的创建与此相似。首先,高等教育学作为教育学的一个二级学科被纳入国务院学位委员会颁布的研究生学科专业目录,取得了合法身份和行政合法性,完成了学科的社会建制或制度化;其次,高等教育学获得了维系其生存和发展的各种发展平台,诸如各种专业期刊、学会、学科组织机构等。

最后需要言明的是,与其他任何学科一样,高等教育学有其独特的研究对象,但其学科边界并非固定不变的。学科是知识分化的产物,也是知识分门别类的产物。也就是说,学科不是从来就有的,任何学科都是后天的、人

---

① 伊曼纽·华勒斯坦.开放社会科学:重建社会科学报告书[M].刘锋,译.北京:生活·读书·新知三联书店,1997:31-32.

为划分的结果,这也意味着任何学科的边界也是人为划分的结果。对于任何一个学科而言,我们没有必要纠缠于学科边界的精确划分,因为学科是不断发展变化的,其学科边界不是一成不变的。站在历史的长河中看,既不断分化又不断综合,既不断交叉又不断渗透,既不断跨界又不断融合,是学科发展的基本规律或基本趋势。这意味着任何学科的边界或研究对象绝非铁板一块,而是稳定性与变动性的统一。

二、高等教育学之独特研究方法的探寻

方法因包括不同的层次而存在不同的取义,诸如方法论层面的哲学方法、科学方法、学科方法以及操作层面的具体方法。在这里,我们主要从方法论层面讨论高等教育学的独特研究方法,而事实上,我们也无法在操作层面讨论高等教育学研究方法的独特性。

对于任何一个学科的建设与发展而言,研究方法无疑是至关重要的,因为这关系到该学科知识的来源及其科学性。毛泽东曾用"桥(船)论"来表达方法之于行动(或完成任务)的重要性,即"我们不但要提出任务,而且要解决完成任务的方法问题。我们的任务是过河,但是没有桥或没有船就不能过。不解决桥或船的问题,过河就是一句空话。不解决方法问题,任务也只是瞎说一顿"[1]。学科建设与发展一如过河,必须解决桥或船的问题,也就是所谓的研究方法问题。一般而言,研究方法因研究对象的不同而有所差异,即学科对象决定学科研究方法的选择,相近相似性质的学科对象决定了学科研究方法的相近相似性。

对于一个学科的发展、壮大和繁荣而言,研究方法至关重要,尤其是独特研究方法论的探寻、发现和创新,可谓一个学科走向成熟的阶梯和进路,也是一个学科被学界认可的重要砝码。用陈燮君的话说,"一门学科在创建的过程中需要接受哲学方法的指导,借鉴一般科学方法,吸取各种综合性方法、横向性方法和交叉性方法的养料,但必须有本学科独特的研究方法,这种研究方法是一门学科在创建过程中具有方法论高度的创造性尝试,是适

① 毛泽东选集:第1卷 [M].北京:人民教育出版社,1964:125.

用于本学科理论建构的具体的发现方法、检验方法和发展方法,对于本学科的创生具有其他方法所无法取代的新工具意义"①。当然,这不是绝对的,也不是一概而论的。对于绝大多数人文社会科学而言,罕见存在独特的研究方法,过分强调研究方法的独特性,容易走进学科发展的死胡同,抑或陷入"西西弗斯困境"。我们或许可以如此理解,即任何学科都应该有自己主要使用的研究方法或学界公认的常用的有效方法,这种研究方法的选择或确立主要取决于该学科之研究对象的独特性。

学科合法性的思想源远流长且根深蒂固。一般而言,假如一个学科缺乏独特的研究方法,它的合法性就会遭到这样或那样的质疑和诘难,它的科学性或成熟度就会遭到这样或那样的诟病和批判。譬如,在教育科学这个大家族里,比较教育学常因方法论问题而遭遇合法性的诘难,面临"身份危机"或"认同危机"的境遇。事实上,高等教育学面临同样的境遇,常因独特研究方法的缺失或模糊不清遭受合法性的质疑和诘难。从根本上说,这些诘难和质疑对高等教育学来说并不公平,也不合理,因为高等教育学在根本上是因其独特的研究对象而建立起来的,而不是凭借某种特定的研究方法而建立起来的。对高等教育学的建立与发展而言,独特的研究对象是根本的,独特的研究方法只是重要的。事实上,对于高等教育学而言,寻找某种独特的研究方法不一定理性或可行。高等教育是一种复杂的关系系统或关系集合体或关系性存在,"为了解决高等教育的基本理论问题和实际问题,往往需要运用到几乎所有其他学科的有关方法……高等教育学本身并没有一种特殊的方法。这一点也可以推演到整个教育科学。教育科学本身是没有一种独特的方法的,它要借助所有其他学科的方法和原理"②。可以说,"高等教育研究并没有自己特有的方法,它主要是借用了教育研究的方法,而教育研究方法又是借用了通用的社会科学研究方法以及某些自然科学研究方法"③。在此意义下,我们不能因为一个学科缺乏或没有专属的独特研究方法,就否定一个学科的合法性;不切实际地强调研究方法的独特性或专

① 陈燮君.学科学导论——学科发展理论探索[M].上海:上海三联书店,1991:231.
② 潘懋元,王伟廉.高等教育学[M].福州:福建教育出版社,1995:353.
③ 胡建华,周川,陈列,等.高等教育学新论[M].南京:江苏教育出版社,1995:423.

属性,不利于新学科的孕生、发展和繁荣。对于人文社会科学而言,不同学科共享同一方法或方法论是最常见不过了。方法是可以相互借鉴的,因而不应该成为决定学科性质、学科类型和学科合法性的主要依据或根本依据。

　　一直以来,高等教育学界有一种强烈的探寻独特研究方法的情结或欲求,这可能与高等教育学的学科意识和学科情感的日益增强有关,可能与高等教育学的日趋成熟有关,也可能与高等教育学的学科立场的捍卫与操守有关,还可能与高等教育及其研究的日趋复杂有关。综合来看,最为核心的根源恐怕还是学科独立的经典假设,即一门学科之所以可以成为独立的学科,通常被认为应具备两个基本条件:一是具有"独特的研究对象",二是拥有"独特的研究方法"。20世纪90年代中期以来,国内不少学者潜心于高等教育研究方法的探究,提出了改造说、学科方法论层次说、价值评价说、问题研究说、多学科研究方法说、社会科学方法论说、独特的方法组合说、混合方法说等多种高等教育研究方法说。① 纵然如此,与我们对高等教育理论和实践的研究相比,我们对高等教育研究方法(论)的探讨仍然稍显滞后和贫瘠,这种后劲不足、缺乏自信、众说纷纭的状貌和格局,不仅没有缓解反而加剧了学界对高等教育学的合法性和学科属性的质疑。事实上,质疑之声并不限于高等教育学,教育学自成为一门"学科"以来,其学科地位也因为与此类似的原因,处境尴尬甚或有些狼狈。而且,这种状况也不限于中国,还是一种世界性现象。对此,哈佛大学教育研究生院第五任院长拉格曼在《一门捉摸不定的科学:困扰不断的教育研究的历史》一书中就毫不避讳地指出,美国当代的教育研究是一门"捉摸不定"的科学,美国当代的教育研究的历史是一段"困扰不断"的往事。许多人甚至直截了当地指出,如果以美国教育研究协会(AERA)的年会活动为衡量标准的话,整个教育研究领域仍然漫无边际,研究缺乏重点,研究方法上也有许多缺陷,无足轻重的研究充斥着这个领域。② 历史学家卡尔·克斯特尔认为,教育研究没有尊贵的身份或地位,一直"受到其他领域学者们的贬抑,遭到实践者的忽视,受到政治家、

---

① 田虎伟.我国高等教育研究方法论研究述评[J].江苏高教,2007(5):18-21.
② 拉格曼.一门捉摸不定的科学:困扰不断的教育研究的历史[M].花海燕,等译.北京:教育科学出版社,2006:212.

决策者以及公众的戏弄或者批评"①。钱锺书先生在《围城》中如此戏言：
"在大学里，理科学生瞧不起文科学生，外国语文系学生瞧不起中国文学系
学生，中国文学系学生瞧不起哲学系学生，哲学系学生瞧不起社会学系学
生，社会学系学生瞧不起教育系学生，教育系学生没有谁给他们瞧不起了，
只能瞧不起本系的先生。"②这系列的"瞧不起"在某种意义上也折射了教育
学或教育研究的尴尬或狼狈。

　　为了改变我国高等教育研究方法滞后或贫瘠的境遇，提升高等教育理
论研究与实践探索的品格，推动高等教育学从稚嫩走向成熟，捍卫高等教育
学的合法性，2001 年潘懋元先生主编出版了《多学科观点的高等教育研
究》。该书认为，高等教育是一个复杂系统，高等教育研究需要多学科的介
入，高等教育学的独特的研究方法可能就是多学科研究方法。③ 我们认为，
多学科研究对任何人文社会科学而言都是必要的，这些学科"要想取得进
步，必须借鉴所有现成的科学，将这些学科中宝贵的经验弃之不用，显然是
不明智的"④。2008 年潘懋元先生在《多学科观点的高等教育研究》的基础
上，又主编出版了《高等教育研究方法》一书。该书作为中国第一部本土化
的高等教育研究方法的研究生教材，对高等教育研究方法进行了系统研究
和阐发，突出了方法论的探讨，再次确证了思辨研究方法的地位，重新阐释
了定性方法和定量方法的辩证关系，强化和解读了高等教育研究方法的应
用性，可谓一部融学术性与通俗性于一体的学术力作。该书极大地丰富了
高等教育学的理论园地，巩固了高等教育学的学科地位，并在一定程度上捍
卫了高等教育学作为一门学科的合法性，构筑和夯实了高等教育学迈向成
熟的阶梯。

　　近些年来，国内一些学者针对多学科的高等教育研究，提出了这样或那
样的质疑甚或批判，担心多学科的高等教育研究可能会引发或导致高等教

---

　　①　拉格曼.一门捉摸不定的科学：困扰不断的教育研究的历史[M].花海燕，等译.北京：教育科学出版社，2006：212.

　　②　钱锺书.围城[M].北京：人民文学出版社，2012：72.

　　③　潘懋元.多学科观点的高等教育研究[M].上海：上海教育出版社，2001：4-6.

　　④　迪尔凯姆.社会学研究方法论[M].胡伟，译.北京：华夏出版社，1988：118.

育学、高等教育研究或被彻底改造成"吸收各个学科成果的一个领域",或成为"一个公共跑马场",或成为"其他学科的殖民地"。存有这样或那样的担忧是可以理解的,但这种担忧也无异于杞人忧天,因为无论研究方法或研究范式如何改变和变换,都不会改变高等教育学的"独特研究对象",也就无法动摇高等教育学作为一门学科的"合法性根基"。高等教育研究或高等教育学需要多学科的支持,多学科研究为高等教育研究或高等教育学提供了方法论的支持。除此之外,从根本上看,我们认为高等教育的复杂性和特殊性决定了高等教育研究或高等教育学应融合各种方法的合理元素,形成综合性、整体性和系统性的研究方法,否则其研究将是不综合的和不周全的,所产生的高等教育学知识也是不完整的和不系统的。事实反复证明,"个别方法的特殊性不会比整体模式更重要"[①],相反,容易将视域局限于狭小的范围内,滋生各种"洞穴假象"。遗憾的是,我们的很多研究忽视了这一点,抑或压根不愿这么想,要么过于强调某种自己所认同的特定方法的优长,要么过分指责那些未得到自己认同的研究方法的不足,比如就有学者坚信"没有实证的高等教育研究就不是科学的高等教育研究"。凡此种种,让人觉得某些研究方法完全可以包打天下,而另外一些研究方法则可有可无甚或一无是处。不同的研究者由于所持的认识论不同和所擅长的研究方法不同,容易鼓吹某种或某类方法,同时贬低和拒绝另外的其他方法,抑或认定某种研究比其他研究更加有利于形成确定性知识、普遍性知识、必然性知识、真理性知识。事实上,没有一种方法是完整的、完美的和无懈可击的,没有一种方法适用于所有的研究对象,没有一种方法能够获得所有研究主体的认同、赞许和青睐。面对复杂的高等教育世界,我们需要多学科的、综合的、复杂的研究方法,需要参考和借鉴各种不同的研究范式,需要选择适合于研究对象和研究主体的研究方法,尤其是适合于研究对象的研究方法,因为究竟应该采信或选择什么研究方法,根本上取决于研究对象的性质或特殊性,而不是研究主体或研究者的偏好或信仰。

---

① 保罗·格里斯利.管理学方法论评判——管理理论效用与真实性的哲学探讨[M].刘庆林,王群勇,译.北京:人民邮电出版社,2006:6(引论).

　　学界各种不同研究方法的客观存在,不仅意味着正确的或恰切的研究很难有绝对一致或同一的研究方法,也意味着过分追求或刻意强调研究方法的"独有性"或"专用性"并非明智之举。无论是出于对高等教育学合法性的"自我捍卫",还是出于对高等教育学自身的"学术自信",我们都不能抱残守缺或固执于某种单一的研究方法,相反,要敢于突破高等教育学的"学科畛域",大胆借鉴其他学科的理论与方法,但要食而化之,不能简单套用或移植。对于多学科研究,我们不应将其视为"高等教育研究因缺乏学科成熟性的'无奈之举'。即令高等教育学达到'相当成熟'的程度,多学科研究的方法也不会从这个学科的研究视野中消失"①。当然,虽然说多学科研究可能是高等教育学的"独特"的研究方法,但它并非高等教育学"独有"或"专有"的研究方法,它还适用于许多其他的人文科学或社会科学,这是毋庸置疑的客观事实。从一般性上说,每一种研究方法都可以有自己的"专利",但它们绝不会是"专用"的专利,当下的各种"理论""学说""范式""主义"等在不同领域的交替、穿插、组合使用就是最好的佐证,我们常言"从某某学科的视角看"所表达的无疑也是某学科理论或方法的跨领域运用,人文社会科学各学科研究方法论的相似性也证明了研究方法(论)的非专用性。

　　有学者认为研究方法就像表演的舞台,迷恋或热衷于一种研究方法,无异于固守在同一舞台上表演,时间长了也许会让你的表演变得更好,但同时也会让你失去在其他更大更好的舞台上表演的机会或热情。这个比喻是恰当的。高等教育是一个复杂系统,也是一个特殊的问题域,我们很难找到某种单一的方法或范式,可以探明高等教育的复杂性,揭示高等教育的特殊性,因而围绕复杂的高等教育系统去整合不同的研究方法或研究范式,是重要的、必要的和可行的。

　　常识告诉我们,研究方法还如同生产工具,同样的生产工具掌握在不同的人手里,产生的效用或效果往往不同,甚或是天壤之别。比如说,同样是天文望远镜,不同的人用它,所看到的景象绝不会完全相同:天文学家看到

---

　　①　冯向东.高等教育研究中的"范式"与"视角"辨析[J].北京大学教育评论,2006(3):100-108,191.

的也许是"宇宙间的奥秘",小朋友看到的或许是"眨眼的繁星点点"。与此类似,不同的研究者开展某项研究,即使采用完全相同的研究方法,所得的研究结论也可能截然不同。即使获得相同的结论,有时也不能证明研究结论的科学性或真实性,而只能证明这一研究方法的信度。

我们还需要看到,科学研究的影响、意义和价值是多元的,科学性或真实性并非只有价值一个方面,"黄金规则"或"现象背后永恒不变的本质与规律"也未必是科学研究的唯一追求。一项研究的影响、意义和价值,无疑与该项研究结论的真实性或科学性有着不可分割的关系,但也经常取决于它在多大程度上回答了问题,或在多大程度上提出了新问题,或在多大程度上创新了方法,或在多大程度上发现了新事实,或在多大程度上揭示了新规律,或在多大程度上改变了世人的认识和看法,或在多大程度上做出了知识贡献或学术贡献。比如说,"地心说"是现代科学早已否定了的一种"伪科学"理论,但它有着不可抹杀的历史意义与科学史价值,仍然是科学体系之整体不可缺少的一页,是科学发展史上不可忽视或掩盖的篇章。客观地说,"地心说"本身也是基于科学精神而建立的,是历史发展的时代性产物,是总结几千年观察与测算的成果,当然也有宗教信仰的成分。"地心说"的适时出现符合科学发展的历史逻辑,"日心说"取代"地心说"符合科学发展的基本规律。如果一味地指责"地心说"是愚昧的、迷信的、宗教独裁的工具,试图把它从科学整体中剔除掉是不恰当的和非理性的,这会阉割科学的内在精神和破坏科学生发的历史生态,是对科学发现或发展轨迹的刻意消除。从相对真理的视角看,"地心说"也可算是一种历史性的科学理论,在一定程度上满足了特定时期人类认识世界和解释世界的需要。如果看不到这些,就难以很好地理解"地心说"的历史价值和理论意义,更无法把握科学的内在精神和过程意义。如同此理,高等教育学乃至一切学科,其研究范式或研究方法都不是一成不变的,沉迷于追求拥有独特的和永恒的研究方法,妄想通过一次努力就达到一劳永逸的目的,有违学科或科学发展的内在规律,当然也是不现实的和不理性的奢求。总之,科学发展是一个逐步向纵深推进的过程,是一个继承与发展相得益彰的过程,是一个肯定与否定交替而行的过程,是一个捍卫与超越辩证统一的过程。

第三讲
高等教育学的归宿与属性

1983年，国务院学位委员会将高等教育学纳入研究生学科专业目录，标志着"作为制度形态"的高等教育学诞生。1984年，由潘懋元主编的《高等教育学》正式出版，标志着"作为知识形态"的高等教育学诞生。近四十年来，无论是作为一门制度形态的学科，还是作为一门知识形态的学科，高等教育学的发展、繁荣和壮大，可谓气势如虹、成就举世瞩目、影响深远广泛。时至今日，高等教育学不仅是一个拥有诸多子学科的学科群——高等教育研究形成了以高等教育学为主干的学科群，也是国内许多大学人才培养的基本组织或平台，还是国家高等教育政策的生发器和高等学校改革发展的策源地。

然而，伴随着高等教育学茁壮成长的光辉历程，也因为高等教育学还处在成熟的路上，对其作为学科合法性的质疑之声一直不绝于耳，尤其是一些学者以外国高等教育研究是一个"研究领域"为凭，咬定中国的高等教育研究也只能是一个"研究领域"，而不是也不可能是一门"学科"，甚至还有一些人士对高等教育学怀有莫名的"敌意"，讥讽其既无"科学"的合法身份，也无"艺术"的尊贵地位。如果质疑之声源于高等教育学或教育学界之外，且影响仅仅限于外部，那么可以"走自己的路，让别人说去吧"；若高等教育学或教育学专业人士不明就里、陷入其中，或心虚、迷茫、徘徊，或讹传、附骥、叛离，这是在撼动高等教育学存在与发展的根基，在破坏教育学的完备性，绝不可等闲视之或置之不理。当然，问题不只是如此，质疑之声也不只是单纯地聚焦于"学科论"还是"研究领域论"，但这是最核心和最根本的质疑。

要想从根本上破除这种质疑,还需从学科的条件或学科的前提性假设谈起,诸如高等教育学作为一个学科何以必要(即重要性)、何以可能(即必要条件),以及如何可能(即充分条件)。对于这些问题,我们在前面已经谈到了一些,在此不再重复,本讲只讲以下两个问题。

一、高等教育学的归宿之辩

高等教育研究到底属于一个"研究领域"还是一个"学科",与此直接相关的辩论被誉为"研究领域论"与"学科论"之争。这种辩论是高等教育学界的"中国特征",亦即中国高等教育学界的"独有现象"。从时间上看,这种辩论并非发端于我国高等教育学制度化的20世纪80年代初期,而是兴起于21世纪以来的最近十几年。其间的主要原因,我们将在下文讲到。

(一)研究领域论

在西方国家,高等教育研究主要作为一个"研究领域"而存在,这些年受"言必称西方"之思维定式的影响,国内孕生了一场高等教育研究"研究领域论"与"学科论"的辩论。在西方多数国家,学科的生发是一个自然而然的过程,即某类知识发展和积累到一定的程度,便自觉地经由专门化、概念化、原理化、逻辑化和体系化而成为一个学科;学术研究罕见有人为的、分封性的、强制性的领地划分,对某一问题的研究,不同领域的研究者皆可涉足和介入,学科身份的确立与学术成果的评价,不是严格以本学科成果来评定,即只要对任何问题的研究获得了学术界的认可,就可以证明其学术成就,因而容易形成多学科、交叉学科、跨学科、超学科的研究领域。

正因为如此,西方国家的高等教育研究以"问题研究"或"主题研究"为主,学者们普遍认为高等教育研究是一个跨学科的研究领域,不是也不会成为一个单独的科学学科。美国学者阿尔特巴赫认为,高等教育研究还只是"一个相对崭新和欠发展的研究领域",是"一个可探究的交叉学科领域","它将不会以一个独立学科的形式出现"。[①] 德国卡塞尔大学乌尔里希·泰

---

① P.G.阿尔特巴赫,李勇.世界高等教育研究与培训的现状与展望[J].高等教育研究,2001(3):55-62.

希勒认为,高等教育研究可以被理解为一个典型的跨学科研究领域:一是高等教育研究如同"青年研究""劳动研究"或"城镇研究",是以主题领域为基础的;二是高等教育研究经常是"战略性的",既为基础研究贡献力量,又为应用研究出力,高等教育研究作为一个研究领域有望在一再割裂的基础研究方法和应用研究方法之间架起一座桥梁;三是高等教育研究和大多数跨学科研究一样,要么采用非正式合作的模式,要么暂聚在不稳定和没有长期前景的特定研究单位,它们的学科制度基础较为脆弱。① 日本多数学者认为,"高等教育研究的性质与指向主要在于对象的研究,而非学科(体系)的建构"②。凡此种种,我们称之为"研究领域论"。

(二)学科论

与西方国家不同,我国的科研体制、学科体制以及高等教育管理体制带有浓厚的计划色彩,以学科专业目录为导向推进学科建设是我国学科建设与发展的基本特征。高等教育研究一开始就着力于学科建制或制度化建设,着力于学科理论体系的构建,即把高等教育研究当成一个学科来建设和发展。

国内学者普遍认同并坚信,高等教育研究是一门学科,应立足于学科理论体系构建的研究,通过学科理论体系的构建来指导解决实践领域的问题。汪永铨认为,只有承认高等教育学学科的存在,我们才会有意识地去研究它,才会逐渐地认识高等教育的规律,才会时刻注意把我们的政策、规划和行动建立在科学的基础上,使它符合这种规律。③ 胡建华认为,"构建学科体系并使之不断完善是一门学科得以立足、得以成长、得以获得学术界的'公民权'之根本"④。胡建华、周川、陈列、龚放认为,高等教育学研究必须关注高等教育实践的发展,必须研究实践中暴露出来的问题,为解决实践中

---

① 乌尔里希·泰希勒,叶赋桂.高等教育研究:一个多学科研究的案例[J].清华大学教育研究,2003(1):1-8,48.

② 胡建华.我国高等教育学学科发展的特殊性分析[J].教育研究,2003(12):15-18,86.

③ 汪永铨.关于我国高等教育科学研究的几点思考[J].教育研究,1999(10):23-28,35.

④ 胡建华.潘懋元先生之于我国高等教育学科发展的意义[J].高等教育研究,2010(8):26-29,41.

的问题提供理论上的指导是高等教育的学科功能之一。① 王建华认为,最终成熟的高等教育学科以及该学科的研究范式将共享一个名字,即一门高等教育学即意味着一种研究范式。② 刘小强认为,"坚持学科取向的高等教育研究是我国国情下的必要、明智之举"③。总体而言,我国的高等教育研究主要走的是一条学科建设道路,首先完成了高等教育学的学科建制,然后在短时期内建立了大量的研究机构,培养了大量的人才,出版了大量的科研成果,加快和催熟了高等教育学内在观念建制的发展。④

正是因为坚持学科取向的发展道路和发展模式,我国的高等教育研究后来居上,异军突起,取得了举世瞩目的成就。这条道路创造性地建立了高等教育新学科,使专业研究机构、人员、刊物、成果等多项指标居于世界前列,将我国迅速建设成高等教育研究大国,从而推动了我国高等教育研究超常规、跨越式发展。⑤ 1983 年国务院学位委员会将高等教育学纳入研究生学科专业目录,1984 年潘懋元先生主编的《高等教育学》正式出版,随后高等教育学及其各子学科的论著相继问世,高等教育研究形成了一个"以高等教育学为主干的学科群"⑥。凡此种种,我们称之为"学科论"。

(三)研究领域论与学科论的调和

在高等教育研究的定位上,西方学者主要坚持"研究领域论",中国学者或坚持"学科论",或信奉"研究领域论",或认为高等教育研究"在学科与领域之间"⑦。张应强认为,高等教育学应按照"现代学科"的标准,建构高等

---

① 胡建华,周川,陈列,等.高等教育学新论[M].南京:江苏教育出版社,1995:14.

② 王建华.高等教育学的建构[M].广州:广东高等教育出版社,2009:278.

③ 刘小强.学科还是领域:一个似是而非的争论——从学科评判标准看高等教育学的学科合法性[J].北京大学教育评论,2011(4):77-90,186.

④ 潘懋元,刘小强.21 世纪初我国高等教育研究进展与问题[J].国家教育行政学院学报,2005(8):30-39.

⑤ 潘懋元,李均.高等教育研究 60 年:后来居上,异军突起[J].中国高等教育,2009(18):15-19.

⑥ 潘懋元.30 年来中国高等教育研究的发展轨迹与成就——《中国高等教育学中青年学者论丛》总序[J].高等教育研究,2008(8):1-4.

⑦ 刘海峰.高等教育学:在学科与领域之间[J].高等教育研究,2009(11):45-50;袁本涛.在学科与领域之间——制度化的高等教育研究[J].北京大学教育评论,2011(4):70-76,185-186.

教育学理论体系,超越"学科论"与"研究领域论"。① 王建华认为,在后学科时代,"随着知识大融通的不断加速,学科的交叉、融合及边界跨越成为大势所趋。高等教育系统处在从学科时代向后学科时代的转型中。面对后学科时代来临的挑战,一方面高等教育研究需要更新对于学科及其建设的理解,另一方面对于高等教育学作为一门学科的认知也需要调整。在后学科时代,高等教育学的学科建设需要突破学院学科的束缚,成为'心智的训练'和遍及所有学科的'知识网络',以更好地服务于高等教育发展和高等教育实践的改进"②。这与他早些年提出的观点有所变化。

作为我国高等教育学的主要创始人和奠基人,潘懋元先生认为"学科建设与问题研究两条轨道相辅相成:学科建设为问题研究提供理论基础,问题研究为学科建设扩大视野,不断注入新的实践源泉"③。对此,张德祥进一步解释说,"高等教育研究,既可以是一个研究领域,也可以是一个学科。把高等教育研究作为一个研究领域,有利于人们更加关注高等教育实践中的现实问题,研究现实问题,解决现实问题,推动高等教育的科学发展,也为高等教育学的学科建设奠定基础和创造条件。把高等教育研究作为一个学科建设,把高等教育理性认识中最一般、最普遍、最基本的问题抽象出来,加以概念化、理论化、体系化,有助于我们深化对高等教育的认识,有助于指导高等教育的实践。西方没有高等教育学学科,不等于我们不能创设高等教育学学科"④。至今,"学科论"与"研究领域论"之争还没有定论,这种理论争鸣还会延续,甚至会永远存在。

(四)对既有论说的反思

作为一种分门别类的知识,学科不是从来就有的,也不是静止不变的。学科的诞生存在一个知识的探索、发现、生成、积淀和分类的过程。"研究领

---

① 张应强.超越"学科论"和"研究领域论"之争——对我国高等教育学学科建设方向的思考[J].北京大学教育评论,2011(4):49-61.
② 王建华.后学科时代的高等教育学[J].江苏高教,2020(12):16-21.
③ 潘懋元.30年来中国高等教育研究的发展轨迹与成就——《中国高等教育学中青年学者论丛》总序[J].高等教育研究,2008(8):1-4.
④ 张德祥,别敦荣,周光礼,等.加强新时代教育科学研究工作(笔谈)[J].中国高教研究,2019(12):1-9.

域论"体现了学科发展的"自生秩序性",即学科是由相关领域知识自然积淀而成的;"学科论"则体现了学科发展的"人为干预性",即充分发挥人的主体选择性或能动性,释放人的理性能力和本质力量,围绕某个独特的研究对象构建专门的知识体系。在学理上,"学科论"与"研究领域论"是耦合的、互补的和对生的,二者之间不存在不可调和的"矛盾"和解不开的"死结",纠缠或深陷于非此即彼的论争或取舍得不偿失,毕竟这两种学科发展取向在中外皆可找到成功的案例。

"学科论"与"研究领域论"皆有内在的合理性,也存在某些天然的不足:"学科论"可以发挥人的超越时空的理性力量,但若不注意联系实际,容易招致"闭门造车";"研究领域论"遵循了学科生发的一般规律,当今存在的各种学科主要是从研究领域走向学科的,而且一切"领域性研究"最终会与学科相遇,但这个过程相对比较漫长,善于借鉴历史经验的理性人类不太愿意或不会被动地等待这个漫长的自然生发过程。从研究领域逐步走向学科是学科生发的基本规律,即学科是由相关领域的研究成果逐步积淀而成的,数学、物理学、化学等的生发就是如此,这是一个"领域学科化"的过程。事实上,"学科领域化"也同样存在,尤其是在后学科时代,这种现象将更为普遍和常见。不管怎么说,就一门新兴学科的建设而言,"学科论"不失为一种理性的选择,它在制度上有助于加速学科建设的进程。

偏废于"学科论"或"研究领域论",对学科建设而言是不理性的、不可取的。辩证唯物主义一再告诉我们,要一分为二地看问题,即任何事物都有正反两面性,这如同一个角币存在正反两面一样,看问题要看正面也要看反面;既要看到矛盾双方的对立和排斥,也要看到双方的联系和统一,以及在一定条件下双方的相互转化。高等教育学界的"研究领域论"受启发于西方国家,或许正是这种"研究领域论"进一步唤醒、激发和强化了我国高等教育学学科建设的本土化意识。这正是"研究领域论"作为一种"对生力量"和"竞生力量"的特殊意义所在,而"学科论"与"研究领域论"也将作为一对"竞争性范畴"而存在,二者在与世推移中不断获得新的意义和解释。

二、高等教育学的属性之论

作为一门关于高等教育的学问，高等教育学到底属于哪个"学科家族"？对此，学界可谓众说纷纭、见仁见智。有的认为高等教育学属于人文学科，人文性理当成为"中国高等教育学建构的价值向度"[①]；有的认为高等教育学属于社会学科；有的认为高等教育学属于"人文社会学科"[②]，一些高校将高等教育学设在人文与社会科学学部；有的认为高等教育学属于"交叉学科"[③]，理当探明"基于交叉融合的高等教育学学科发展理路"[④]。

从根本上看，强调高等教育学的人文学科性和社会学科性，这是没有问题的。或许也正是因为如此，高等教育学要么被视为一种人文学科，要么被视为一种社会学科，要么被视为一种人文社会学科。但是，我们要看到，无论是哪一种"被视为"，皆内在地排斥了高等教育学的自然科学属性。当然，我们如此强调高等教育学的自然科学属性，并非为了推动高等教育学"自然科学化"[⑤]。那么，对高等教育学自然科学属性的这种排斥是否符合高等教育（学）的客观事实，又是否有利于高等教育学的建设和发展？毫无疑问，答案是否定的。

（一）高等教育首先从属于物理现实

高等教育学生发于高等教育的需要，因而探讨高等教育学的学科属性，必须立足于高等教育的本质。如果说教育是一种培养人的社会实践活动，那么高等教育则是一种培养各级各类高层次专门人才的社会实践活动。这是高等教育的质的规定性，亦即高等教育区别于初等、中等教育以及其他事物的本质所在。

一切教育皆是育人的，因而也皆是属人的和为人的，兼具育人性、属人

---

①　黄巨臣，李乐帆.人文性：中国高等教育学建构的价值向度[J].大学教育科学,2021(5):24-31.

②　邬大光.论我国高等教育学体系的特殊性[J].厦门大学学报(哲学社会科学版),2020(5):18-25.

③　潘懋元，陈斌.论作为交叉学科的高等教育学[J].高等教育研究,2021(4):56-60.

④　包水梅.基于交叉融合的高等教育学学科发展理路[J].国家教育行政学院学报,2021(9):39-46,66.

⑤　方泽强.对高等教育学"危机"及发展的思考[J].大学教育科学,2020(3):39-45.

性和为人性。从这个意义上说，阐述教育的属性，又必须从人的属性说起，即人是教育的元点和回归点，人的属性规约教育的属性。直观地看，人首先是物理的，其次是生理的和心理的，再次是文化的和社会的，最后作为"一切社会关系的总和"而存在。亦即说，人既具有自然性，也具有人文性，还具有社会性。长期以来，我们习惯于将人的自然性、人文性和社会性统称为自然属性和社会属性。毫无疑问，这种笼统的"二元论"或"二元化"既遮蔽了人的某些属性，也误导了人们对人以及教育的认识，甚或在不经意间"阉割"了人们关于人以及教育的认识。

作为培养高层次专门人才的社会实践活动，作为一种建立在中等教育基础之上的专门教育，高等教育与其他一切层次的教育一样，以人为元点和回归点，即高等教育也是从人而来，向人而去，与人同转，兼具人文性、社会性和自然性。遗憾的是，面对整个人类社会，自然包括高等教育在内，我们在不同程度上存在一种"自然性的遗忘"，而铁一般的事实是"人类社会现实从属于自然物理现实，自然物理现实也从属于人类社会现实"。这是一种不可否认的"两重性逻辑关系"。放眼所有的高等教育对象，尤其是高等教育实体和高等教育场，我们首先感知到的就是高等教育作为一种"自然物理现实"而存在，因为教育者或受教育者首先是物理的。走进任何一所大学，最直观的就是校园和大楼，然后就是这所大学的校园文化，后者作为一种高等教育场而存在，对大学中的人起着润物细无声的潜移默化作用。

（二）高等教育的人文社会性脱胎于且附丽于自然性

高等教育在根本上首先是自然的，而且必然是自然的。追本溯源，一切教育包括高等教育在内是从人而来，而人又是从自然而来，然后流转于社会，最后又超归于自然。在这种连续的来龙去脉里，整生出了自然的、社会的和教育的生命意义。从这个意义上说，让学生在自然生态中认知生命，在社会生活中理解生命，在教育体验中延拓生命，是一种整全意义的生命教育，符合宇宙之道和生命之理，理当成为一切教育之元理。长期以来，我们只是从社会、人、教育的三角互动关系中去理解教育，这到底够不够？显然不够。教育除了个体功能和社会功能，还有没有自然功能？答案是昭然的。

不然，我们就从根本上否定了人与自然的关系、社会与自然的关系、教育与自然的关系，同时也意味着探讨人、社会、自然的和谐相处和协调发展就是多此一举。

高等教育与自然的关系也是密切的，尤其要受到地理、生态等自然环境的制约，也对地理、生态等自然环境起反作用。生态学告诉我们，系统和环境是相互定义的，即系统是在环境中的系统，环境是环抱系统的环境；任何事物皆可以看成一个系统，而且任何系统之中又有系统，宇宙是最大的系统；任何生态系统都生存和发展于一定的环境之中；各生态系统之间可互为环境，各生态个体之间也可互为环境。生态系统对环境存在一定程度的依赖、依存、凭借和从属，没有环境提供物质、能量、信息的支撑，作为耗散结构而存在的生态系统迟早会走向枯竭或僵死。同时，生态系统又存在自身的边界，对环境具有相对的自主性和独立性，否则，生态系统就完全消融于环境而不再是生态系统。概而言之，生态系统对于环境，既是依赖的，又是自主的。这是一条最基本的生态原理，适用于解释高等教育与自然的关系。

高等教育与地理、生态等自然环境之间的关系，如同生态系统与环境之间的关系。我们仅以大学与城市的关系为例，尽管城市不属于纯粹的自然环境，但城市是自然、人文、社会相统一的环境，兼具天态性和人态性，而天态性在逻辑上和时间上是在先的，人态性则是在后的，即没有天态性就无人态性可言。大学与城市之间的生态关系，足以折射高等教育与自然环境之间的关系。深层次地看，大学与城市是两种不同的社会存在，也作为两个特殊的生态系统而存在，并且二者又互为环境：从地缘或生境关系看，大学是城市的大学，城市是大学的城市；城市是大学的环境，大学是生长于城市的一个生态系统，也作为城市的环境而存在；大学生在城市之中，长在城市之内，被城市环抱着，不断地从城市汲取各种养分；城市虽然不是大学之物质、能量、信息的唯一供应者，却是大学接触最直接和最密切的生境；大学总是尽可能地直接从所在城市获取一切所需要的资源，同时以某种特有的方式，诸如培养人才、科技转化、文化输出、提供服务等，反作用于城市的建设与发展。当今之大学与城市，可谓"你中有我，我中有你"，即生长于城市的大学，或多或少带有其所在城市的传统、文化、气质和精神；大学生长于城市，城市总是以特有的方式影响大学的发展。可以说,大学与城市的互动发展是综合性的和系统性的,两者的发展最好能够完美衔接或对接,即现代化城市建设与高水平大学建设正向匹配、耦合并进、和谐共生,实现大学与生态城市建设、绿色城市建设、和谐城市建设、科技城市建设、创意城市建设、创新城市建设、文明城市建设、国际化城市建设等的互动发展。这是大学与城市互动发展的理想范型,也是一种演绎了和谐美、生态美和整生美的景观生态。①正因为如此,我们发现身处不同地理位置的城市深刻影响着大学的发展前景。

北宋画家和绘画理论家郭熙在《林泉高致·山水训》中如是说:"山以水为血脉,以草木为毛发,以烟云为神采。故山得水而活,得草木而华,得烟云而秀媚。水以山为面,以亭榭为眉目,以渔钓为精神,故水得山而媚,得亭榭而明快,得渔钓而旷落。"山水是上天或自然赐予大地的骨血和眼睛,山与水交相辉映,山因水而更俊朗灵气,水因山而更圆活动人。这是一种和谐的、生态的、整生的自然景观。一谈到中国最美的大学,我们总能想到"依山傍水"的厦门大学、"满园樱花和植物"的武汉大学等高等学府。不难发现,天态景观与人态景观交相辉映,既形塑了这些大学各有千秋的美丽,也形塑了这些各美其美的大学。与此同时,我们也感悟到,大学与自然协同耦合实乃一种完美的生命存在,而构建这样的生命存在需要高等教育地理学、高等教育生态学、高等教育环境美学的支持,更需要我们去建设和发展高等教育地理学、高等教育生态学、高等教育环境美学。

(三)高等教育学是"自然—人文—社会"科学

高等教育学是一个开放的"自然—人文—社会"科学,兼具自然科学性、人文科学性和社会科学性。对于高等教育学的人文科学性、社会科学性,我们容易理解,也不会轻易否定或质疑,而对于高等教育学的自然科学性则不然。高等教育以及高等教育学皆具有自然科学性,这是不能否定的客观事实。也正是因为如此,高等教育研究或高等教育学,需要生理学、医学、脑科学、神经科学、地理学、生态学等多科学的参与和支持。或许高等教育学与

---

① 李枭鹰.大学与城市的生态关系范型[J].现代教育管理,2017(9):7-11.

诸多的自然科学相联系,不足以证明高等教育学就必然具有自然科学性,但足以说明高等教育学不能与自然科学分道扬镳。

高等教育学既孕生于高等教育,又服务于高等教育。高等教育从属于自然物理现实,这在根本上决定了高等教育学内在地依存于自然科学,也必然具有自然科学性。长期以来,我们要么将高等教育学视为纯粹的人文科学,要么将高等教育学视为纯粹的社会科学,要么将高等教育学视为交混的人文社会科学,几乎没有人愿意承认高等教育学的自然科学性,这亦如自然科学不愿意承认自己的人文科学性和社会科学性。对此,埃德加·莫兰的批评是尖锐而深刻的,他认为全部人类社会现实都以某种方式依存于自然科学或自然物理现实,而全部自然科学或自然物理现实也以某种方式依存于人类社会现实,然而,"没有哪一种自然科学愿意承认它的文化根源。没有哪一种自然科学愿意承认自己的人类特征。自然科学和人文科学分道扬镳,这既屏蔽了前者的社会现实又屏蔽了后者的物理现实"[①]。这种思想上或观念上的"分道扬镳"或"人为地阉割"蔓延至高等教育和高等教育学,既屏蔽了高等教育学的"自然物理现实",也屏蔽了高等教育的"自然物理现实",还屏蔽了自然科学参与和支持高等教育学的可能性。

多年以来,当我们谋求高等教育学理论像自然科学那样公理化、定理化、定律化的时候,总是会遭受这样或那样的诟病,批评者不分青红皂白地为这种追求扣上一顶"高等教育学自然科学化"的帽子。这是不公正的,是不理性的,是有害的。我们不能否认高等教育学的自然科学性,舍此,高等教育学的建设与发展会遭遇这样或那样的认识论难题。抛开其他的不说,当我们把高等教育学当成一门交叉学科或新文科来建设与发展的时候,就会缺乏学理上、学科上、交叉融合上的前提性基础。从系统科学的视角看,高等教育就是一个复杂的关系系统或关系集合体或关系性存在,与此对应的高等教育学就很难用纯粹的"某类学科"去刻画、描绘和定义。

---

① 　埃德加·莫兰.方法:天然之天性[M].吴泓缈,冯学俊,译.北京:北京大学出版社,2002:4.

第四讲
高等教育学理论的本质、判定和建设路向

———— ❀❈❀ ————

知识是学科的本质,知识的生产、发展和创新是学科建设与发展的根本或关键所在。作为一种最重要的知识形态,理论可谓学科的"玄武石"或"阿基米德支点",即没有理论的支撑,就没有真正意义上的学科。据此而言,理论创新要走在学科建设与发展的最前面。从世界范围看,一流学科必须在理论创新上有所建树,也总是在理论创新上独树一帜,甚至在某些领域的理论创新上独占鳌头。我国的高等教育学自 20 世纪 80 年代初创建以来,发展迅猛、成就斐然,但在理论创新上还有很大的空间,这是高等教育学界的基本共识。关于高等教育学理论的建设与发展,当下有若干与高等教育学理论自身直接相关的根本性问题急需求解,譬如,学科语境下的理论为何物? 高等教育学理论的身份如何判定? 高等教育学理论体系到底如何构建? 这些问题直指高等教育学理论的本质和属性,关乎高等教育学理论的职责和使命,决定高等教育学理论体系建设路向的筛选和抉择,是高等教育学学科建设与发展中绕不开和不能绕开的重要理论议题。

一、学科语境下的理论为何物

本质是存在者之存在的根据,是事物可认识性和可理解性的根据,是一事物区别于他事物的根据。因此,抓住和揭示事物的本质,是认识事物的根本和关键,也是纵深推进事物之研究的条件和基础。在该意义下,如果不能解密"高等教育学理论究竟是何物",就不能真正地辨识"高等教育学理论",就不能科学地推进"高等教育学理论建设",就不能准确地预见"高等教育学的未来走向"。解密"高等教育学理论是何物",首先必须明确学科

语境下的理论到底如何取义,毕竟我们探讨的是学科理论体系建设问题;其次,还要在与理论相关或相近的若干范畴的关系(或比较)中理解、辨识和定位我们所探讨的"理论",因为离开这种关系或比较,我们就难以把握理论的特殊性。

(一)学科语境下理论的取义

"理论"是一个人们耳熟能详的词语,抑或说是一个常见得有些"平庸"的词语,"言必称理论"绝对是见怪不怪。但是,并非我们每个人都熟谙理论的本质规定性,是谓"熟知未必真知"。这或许可归咎于"理论"一词具有多重含义,且在不同语境下取义不同或指称不一。凭此,说理论是一条"概念变色龙"一点也不为过。

中国权威辞书《辞海》认为,"理论"至少存在以下四种基本用法:一是指"说理立论"或"依理评论";二是指"追究";三是指"道理"或"理由";四是指"概念、原理的体系"。[①] 比较这四种基本用法,我们不难发现:学科语境下的"理论"应该是指"概念、原理的体系"或"体系化的概念、原理",亦即"概念体系"和"原理体系"的总称。在此意义上,各学科理论可理解为以特定的概念体系和原理体系为本质和内核的逻辑化、系统化的理性认识,由此而兼具概念性、原理性、逻辑性和系统性。这种"取义"和"用法"与爱因斯坦所强调的"内部完备"存在某些相通之处,即将"基本概念以及理论本身的逻辑自洽性、简洁性"[②]作为衡量理论之为理论的内在标准。

不同的学科理论存在大小或宏微之别,表征为不同理论具有不同规模的概念体系或原理体系,抑或是"自成体系"或"自成系统"的概念或原理。一般而言,某些宏观理论可能拥有立体网络态的概念体系,以及由一个或多个中心原理和若干分原理共同构成的原理体系,具有相对多元的理论功能;某些微观理论则可能拥有较少的概念,并且可能只有一个中心原理或基本原理,具有相对较少的理论功能。各学科领域都存在这样或那样的宏观理论和微观理论,但微观理论更为普遍和常见,比如管理学中与激励相关的公

① 辞海[M].上海:上海辞书出版社,2009:2338.
② 解德渤.论我国高等教育学的理论图景——基于知识社会学的分析[J].高等教育研究,2021(7):58-66.

平理论、期望理论、目标设置理论、认知评价理论与工作特征理论,隶属于领导理论的路径-目标理论、变革型领导理论,下辖于个体或群体行为理论的社会交换理论、社会认同理论、社会学习理论、社会信息加工理论,归口于决策理论的前景理论等,它们的根本特点在于"研究组织成员与组织之间的关系,因而被称为微观视角的管理学理论"①。单就概念体系和原理体系的完备性而言,高等教育学领域迄今已经得到公认的理论还为数不多,广为高等教育学界认可的"教育内外部关系规律理论"是其中之一。稍加分析,"教育内外部关系规律"不仅有自成体系的概念和原理,而且有自身的逻辑性和系统性,具备高等教育学理论的内在规定性。

(二)在与理论相关或相近范畴的比较中理解和辨识理论

有比较才会鉴别。只有在关系中通过相互比较,我们才能走进理论的深处,才能呈现理论的本来面目,才能促进人们反思或纠正自己对理论的各种"想当然"。从以往的经验看,理论与学说、原理、规律、概念(或范畴)、事实、实践等既相互联系又相互区别,阐明彼此之间的联系和区别,对于理解和辨识"理论之为理论"至关重要。

1.理论与学说既内在关联又相互区分

中国权威辞书《辞海》认为,"学说"是"在学术上自成系统的主张、理论"②。据此可知,学说可以是理论,也可以是主张,但必须是"自成系统"的主张或理论,即不宜将所有的主张或理论视为学说;自成系统的学说是个性化的,每一种学说皆自成一家。埃德加·莫兰认为,理论不同于学说,"理论承认自己的公理或公设是不可证明的,而学说则认为自己的公理或公设是不证自明、一贯正确的原理,这些原理确保学说系统的永不变质的特点。理论在与外部世界的不确定的交流中维持自己的合理性,而学说则拒绝一切反抗它的合理化逻辑的东西"③。言下之意,理论是一种"开放性优先于封闭性"的观念系统,而学说则是一种"封闭性优先于开放性"的观念系统。由此引申,我们或许可以提倡"学说理论化",却不能鼓动"理论学说化"。

① 谭力文.管理学学科地图[M].北京:北京大学出版社,2019:56.
② 辞海[M].上海:上海辞书出版社,2009:4506.
③ 埃德加·莫兰.方法:思想观念[M].秦海鹰,译.北京:北京大学出版社,2002:143.

对理论与学说而言,这是一种科学的、善意的和负责任的态度。

2.理论与原理、规律相互解释或相互规定

按照《辞海》的解释,理论在根本上是"原理体系"或"体系化的原理"。这意味着原理是理论的本质或内核,无原理就称不上理论;每一种理论都或多或少地包含原理,表征为一种"原理集合"。而原理又是具有普遍意义的基本规律,亦即原理是"科学的某一领域或门类中具有普遍意义的基本规律"①。将这一连串的逻辑关系关联起来不难发现:理论体系是原理体系,原理体系是规律体系;揭示并构建规律体系,是理论体系构建的根本,也是理论体系建设的彼岸。

3.理论以概念为要件,概念以理论为家园

正如前文所述,理论是"概念、原理的体系"。言下之意,概念是理论的基本构成要素,抑或说,概念是理论的单位或基元;任何理论都有自身的概念或概念体系,也都有其核心概念;无概念就无以成理论。鉴于理论与概念之间的这种特殊关系,有学者将理论戏称为"专门术语纠缠在一起所形成的迷宫"②。这种戏称带有一定的讥讽色彩,也稍显偏颇和狭隘,却真实地反映和折射了理论与概念的密切关联,道出了理论孕生、发展、创新的必要条件。

4.理论解释事实,事实检视理论

理论与事实的关系如同中国传统思想中"理"与"事"的关系。吕思勉认为,"理是概括众事的,事则只是一事。天下事既没有两件真正相同的,执应付此事的方法,以应付彼事,自然要失败。根据于包含众事之理,以应付事实,就不至丁此了"③。从本体论上看,广义的事实是理论的"原型",理论则是人类根据特定的目的、思想、观点、设想和行动而构建的概念体系与原理体系的总称。从认识论上看,到底是"理论应该符合事实"还是"事实应该符合理论",不同的流派所坚持的观点各不相同。

---

① 辞海[M].上海:上海辞书出版社,2009:4882.

② 劳伦斯·纽曼.社会研究方法:定性和定量的取向[M].郝大海,译.北京:中国人民大学出版社,2019:54.

③ 吕思勉.中国通史(上)[M].成都:成都时代出版社,2019:1.

列宁曾经说过,事实是固执的,因而不宜"把新事实拖入不能真正接待它的理论之中"①,强调理论要与事实相符;理性主义和科学主义断言理论与事实、逻辑与现实是严格相符的;复杂性科学则认为,理论与事实、逻辑与现实"只是片断地和局部地相符"②,亦即理论或逻辑不是事实或现实的完美镜诠,事实或现实亦不是理论或逻辑的镜像反映。但是,无论持何种观点,毋庸置疑的是,理论与事实是相互依存、相互作用、相互反馈的;没有事实的理论如同没有谷粒而空转的磨盘,没有理论的事实好比脱离磨盘而散落满地的谷粒。

5.理论源于实践,实践检验理论

理论是概念化、原理化、逻辑化和系统化的,因而也是抽象的,但是理论绝非"与现实世界毫无关联的抽象摘要"③。按照辩证唯物主义的观点,理论从实践而来,向实践而去,与实践同转,二者在环回对话中螺旋式上升发展。用现象学大师胡塞尔的话说,"生活世界是一切科学形成的基础,生活世界的本体论是一切其他本体论(形式的本体论和实质的本体论)的基础"④。理论基于实践,源于实践,指导实践。尽管如此,我们"不能用'理论联系实际'的一般观念要求理论俯就现实"⑤,更不能要求刻意迎合实践,否则,那无异于"削足适履"。理论与实践并非无缝衔接的,它们之间必然存在一定的距离,也可以存在一定的距离,甚至有时还应该存在一定的距离,毫无理性地谋求二者的无缝衔接多少有些不切实际。这提醒我们,理论指导实践必须依凭于一定的中介或中间环节,需要经过一系列的转化,诸如理论先转化为制度或政策,制度或政策再转化为方案或举措,才能够作用于实践,由此而释放出理论对于实践的指导价值。

6.理论与理论相互滋养

各种理论在相互对话、相互借鉴中互塑,在针锋相对、切磋论难中对长,

---

① 埃德加·莫兰.复杂性理论与教育问题[M].陈一壮,译.北京:北京大学出版社,2004:21.
② 埃德加·莫兰.方法:思想观念[M].秦海鹰,译.北京:北京大学出版社,2002:211.
③ 劳伦斯·纽曼.社会研究方法:定性和定量的取向[M].郝大海,译.北京:中国人民大学出版社,2019:54.
④ 刘放桐,等.新编现代西方哲学[M].北京:人民出版社,2001:315.
⑤ 邢建昌.理论是什么? ——反思视野中的文学理论[J].燕赵学术,2012(1):144-158.

正所谓"水尝无华,相荡乃成涟漪;石本无火,相击而发灵光"。理论是理论的沃土,理论为理论提供和输送养料。以理论养理论,以旧理论孕生或催生新理论,以新理论反观或反驳旧理论,是理论丰富、发展和繁荣的生态图式。站在历史的长河中看,新理论的产生经常以旧理论为基础,或是对旧理论的继承发展,或是对旧理论的反驳颠覆。继承发展旧理论,能够让理论更完善,具有更强的理论功能;反驳或颠覆旧理论,并非为了否定旧理论的意义和价值,甚至不会让旧理论因此而消亡,对旧理论的推翻实则旨在孕育或诞生新理论;新理论是旧理论的新生态,它脱胎于旧理论,又超越了旧理论,比旧理论更富有生命力或张力。

哲学界普遍存在着"浪推浪"或"继承与发展并进"的理论生态和理论生发图式,诸如"老哲学家的问题引起新哲学家的重视,他们企图另辟新的解决途径;或老哲学家的方法被新哲学家用到新的领域中去,同时又发展了这种方法"①。例如,康德的思想就不是凭空产生的,他受唯理论与经验论的启发,才提出"三大批判";黑格尔虽然与康德走向了不同的思想道路,但他在理论中大量使用了康德的概念,同时也吸纳了费希特和谢林之思想的合理成分;德国古典哲学虽然是理性主义的巅峰,其中却也埋下了非理性主义的种子,叔本华、尼采、克尔凯郭尔等哲人的非理性主义思想,就从康德和黑格尔的思想中汲取了充足营养;黑格尔之后的哲学家,要么是"掘黑格尔的坟墓",要么是"为黑格尔立碑",无论后世产生多少有影响力的理论,黑格尔的思想都依然散发着迷人的魅力,吸引后人去推敲和反思。又如,在科学发展史上,"'日心学说'之于'地心学说','进化论'之于'创生论','非欧几何'之于'欧氏几何','相对论'和'量子力学'之于'经典力学','剩余价值学说'之于'古典政治经济学','科学社会主义'之于'空想社会主义',都可以说是对'公理'的挑战,并且以新的'公理'去取代了旧的'公理',其中包括把旧的'公理'作为新'公理'的特例而容涵于新'公理'之中"②,呈现出旧理论催生或孕生新理论的生态图式。

---

① 刘放桐,等.新编现代西方哲学[M].北京:人民出版社,2001:303.
② 孙正聿.哲学修养十五讲[M].北京:北京大学出版社,2004:249.

由此足见,任何理论都不是一座孤岛,而是处在与其他理论群岛的关联之中。这种关联既有共时性的或横向的,也有历时性的或纵向的。不同的理论在系统关联中相互形塑,在切磋论难中相互丰实,在相互批判中辩证发展,在交流对话中整体旋升。当然,也不乏"理论抵抗敌对的理论或对立的论据的进犯"①的现象,诚如此,则预示着这些理论即将或必将走向封闭、僵化和退化。中国传统文化强调"以思养思",内在地蕴含着"以理论滋养理论"的大道。

二、高等教育学理论的属性如何判定

高等教育学理论的属性即高等教育学理论的"同一性",这种同一性是那些帮助我们识别一个理论之为高等教育学理论的稳定的、同一的、本质的东西。换言之,我们说一个理论是高等教育学理论,必须基于这个理论具有高等教育学理论的"基本属性"或"内外规定性",符合高等教育学理论的"身份地位"或"基本标准"。这里要多说一句,那就是"高等教育学理论与高等教育理论是两个不同的概念",起码后者要比前者广域得多。

(一)从性质和功能两个维度求解理论的属性

属性是"事物(或对象)的性质和事物(或对象)之间关系的统称"②。其中,事物的性质属于事物自身,而事物的关系存在于事物与事物之间;事物的关系是多样态的,本书主要聚焦于"事物的功能"。探求事物的性质,就是探求事物本身,即从事物的内部关系中寻求其存在的根据,这是理性的"内在性原则";探求事物的功能,就是探求事物存在的意义与价值,即从事物的外部关系中寻求其存在的根据,这是理性的"外在性原则"。因此,性质揭示的是"如其所是",功能揭示的是"如其所应",联袂性质和功能两个维度去揭示理论的属性经得起理性的雄辩和追问。

性质与功能作为理论的"一体两面",共成理论的内外在规定性,并作为判定理论之身份的基本依据。从系统科学的视角看,理论的性质取决于理

---

①　埃德加·莫兰.复杂性理论与教育问题[M].陈一壮,译.北京:北京大学出版社,2004:13.
②　李枭鹰.高等教育关系论[M].北京:中国社会科学出版社,2017:21.

论的内部关系,理论的功能取决于理论的外部关系;理论的性质制约甚或决定理论的功能,因为理论的内部关系制约甚或决定理论的外部关系;离开了理论的性质,理论将不足以成理论,更遑论理论功能的释放;离开了理论的功能,理论的性质就是抽象的、空洞的性质。可见,无论忽视理论的性质,还是忽视理论的功能,都会造成理论之属性研究的"关键性空档"和"逻辑性缺失",导致"理论与非理论之边界"的模糊不清,"伪理论标榜为真理论"的现象蔓延,甚或是"挂羊头而卖狗肉"而不自知。

通过各种理论之属性的"现象集合"和"描述性归纳",我们不难洞见,理论在性质上具有无差别的概念性、原理性、逻辑性、系统性,这些属性缺一不可,即"当且仅当"并存时,一个理论才能成其为一个理论,也才能称得上是一个理论;理论在功能上具有差异化的诊断性、解释性、改造性、预测性、反思性、质疑性和批判性,即罕见某种理论同时具有诊断力、解释力、改造力、预测力、反思力、质疑力和批判力,诊断、解释、改造、预测、反思、质疑和批判实为各种理论的"功能集合"。换言之,一切理论在功能上都存在自己的盲区,它们"不可能看到某个处在它们所允许的阐释结构之外的、与这种阐释结构相矛盾的东西",尤其是"几乎不能对它们自己的公理和原理进行批判",①这也决定了任何理论的诊断力、解释力、改造力、预测力、反思力、质疑力和批判力都是相对的和有限的,特别是缺乏对自身的基础和性质进行自我批判和自我反思的能力。从理论主体的视角看,多元的、开放的、动态的、综合的文化背景,对我们提升这种能力大有裨益。

不同理论具有各自相异的"主要功能"。大体说来,自然科学理论多以诊断、解释、改造为主,诸如数学领域的毕达可拉斯定理可以诊断一个三角形是否为直角三角形,也可以解释一个三角形何以为直角三角形,还可以告诉人们如何来建构一个直角三角形;社会科学理论多以解释、改造为主,诸如社会学领域的结构-功能主义理论主要用功能分析方法认识和说明整个社会体系和社会制度之间的关系,进而影响人们改造社会体系和社会制度的行为;人文科学理论多以反思、质疑和批判为主,哲学领域的各种理论多

---

① 埃德加·莫兰.方法:思想观念[M].秦海鹰,译.北京:北京大学出版社,2002:140.

半如此,主要为我们提供一个看待世界的视角。当然,这种归纳得出的判断只是概率性的,不是绝对的。我们还需要强调的是,"主要功能"不等于"全部功能",也就是说,并非说各自然科学理论、社会科学理论和人文科学理论不具备各"主要功能"之外的"其他功能"。

理论存在类型或层次之分,不同类型或层次的理论,其功能的量、质和序一般存在这样或那样的差异,其作用范围或辐射半径也不尽一致。某些理论的适用范围较广,不局限于某一领域,而是跨越多个领域;有些理论的适用范围则只是局限于某一领域或某些点,一旦超出该范围,便失去了其理论功能。譬如,高等教育总体规律、高等教育一般规律和高等教育特殊规律的适用范围就存在天壤之别,集中表征为高等教育总体规律是共通性的,高等教育一般规律是全局性的,高等教育特殊规律是局域性的。①

(二)高等教育学理论的性质与功能

高等教育学理论的身份判据根源于高等教育学理论的性质与功能。不同的高等教育学理论,具有"相同的性质"——无差别的概念性、原理性、逻辑性、系统性,释放出"不同的功能"——差异化的诊断力、解释力、改造力、预测力、反思力、质疑力和批判力。性质与功能联袂为我们提供了一种关于高等教育学理论的"可理解性代码",二者分别从内在性和外在性出发,辨识一个理论到底是不是高等教育学理论;单纯的性质或功能是绝对必要的,却又是绝对不充分的,即只是必要而不充分条件。

1.高等教育学理论的性质

高等教育学理论是一种高等教育理性认识,但它不是一般意义上的高等教育理性认识,而是一种概念化、原理化、逻辑化、系统化的高等教育理性认识。具体而言,高等教育学理论以高等教育概念体系为根基,以高等教育

---

① 高等教育是总体性、一般性和特殊性的有机统一体,这种逻辑结构既决定了高等教育的运行发展要受到高等教育总体规律、高等教育一般规律和高等教育特殊规律的规约和支配,也意味着建立以高等教育总体规律、高等教育一般规律和高等教育特殊规律为基本框架的高等教育规律体系存在必要性、可能性和逻辑性。高等教育总体规律、高等教育一般规律和高等教育特殊规律构成高等教育规律的逻辑结构和三大家族,每个大家族具有各自的"家族相似性",即高等教育总体规律具有上位性、总趋性和共通性,高等教育一般规律具有中位性、可数性和全局性,高等教育特殊规律具有下位性、不可数性和局域性。——笔者注

原理体系为内核，以高等教育规律体系为本质，通过与高等教育发生作用，释放特定的高等教育理性功能。

从内在规定性看，概念性、原理性、逻辑性和系统性共同构成了高等教育学理论的"性质集合"，任何一种性质的缺失都会从根本上否定高等教育学理论的合法性，进而影响高等教育学理论的身份识别和身份认同。其中，概念性是高等教育学理论的首要性质。概念是理论建构的基石，无概念无以成理论；创造具有解释力的高等教育概念是丰富、发展和创新高等教育学理论的重要抓手。正因为如此，美国哲学家蒯因认为"整个科学都是一种方便的语言形式和方便的概念体系或概念结构"①。原理性是高等教育学理论最本质的性质，无原理就无以成理论，也不足以称之为理论；高等教育原理主要以高等教育规律的形式来彰显。逻辑性是高等教育学理论功能释放的必要条件，在此意义上，高等教育学理论甚至可以看成"由一系列的命题构成的逻辑体系"②。系统性亦即理论的"自洽性"或"自成系统性"，是高等教育学理论认识高等教育世界和改造高等教育世界的基本前提。

对于高等教育学理论而言，概念性、原理性、逻辑性和系统性是一种"内在规定性"，是一种"核心约束和规范"，缺其一就不是高等教育学理论。这一如"任何一种文化都有它不可动摇的核心约束和规范，只是规范的具体内容不同，在核心约束面前不近人情这一点往往是一样的"③。

2.高等教育学理论的功能

不同的高等教育学理论，在功能上存在或多或少、或大或小、或广或窄的差异：某些高等教育学理论对于高等教育实践具有诊断作用，可以及时发现实践过程中存在的现实问题；某些高等教育学理论善于针对高等教育中的一些现象或问题予以说明和解释，帮助人们"知其然"且"知其所以然"；某些高等教育学理论旨在引领实践或改造实践，即在发现高等教育问题的基础之上，指明问题的改进方向，引导和规约高等教育实践的优化路径；某些高等教育学理论能够预见高等教育的未来走向、发展趋势；某些高等教育

---

① 刘放桐,等.新编现代西方哲学[M].北京:人民出版社,2001:286.
② 何秀煌.理论是什么[J].现代哲学,1986(4):24-26.
③ 吴国盛.什么是科学[M].广州:广东人民出版社,2019:67.

学理论不仅可以反思、质疑和批判高等教育实践，而且可以反思、质疑和批判高等教育学理论自身及其建构。凡此种种叠加在一起，共同描绘了高等教育学理论的诊断性、解释性、改造性、预测性、反思性、质疑性和批判性。

每一个高等教育学理论的功能都是有限的和个性化的，即没有哪个高等教育学理论同时具备诊断、解释、改造、预测、反思、质疑和批判等功能，这根源于每一个高等教育学理论有自身的前提性假设、适用范围和运用法则。据此而言，机械套用或简单对标"理论首先应该是'跨学科的话语'，其影响和应用不能局限于某一领域；任何理论都应该同时带有'分析性和思辨性'；理论应该是'对常识的批判，对理所当然概念的盘诘'；理论具有内在的反思倾向，是'有关思想的思想，是对我们借以产生意义的那些范畴的探究'"①，将否定一大批高等教育学理论的合法身份和意义价值，并将这一大批高等教育学理论排除在大门之外，严重者会导致高等教育学理论成为一个"空集"。目前，我国高等教育学的理论园地正呈现出百花齐放、欣欣向荣的生态局面，其中"潘懋元的'教育内外部关系规律'、涂又光的'泡菜理论'、张楚廷的'高等教育生命论'、张德祥的'高等教育中介规律说'、张应强的'高等教育类市场化理论'、王洪才的'大学创新教学理论'、李枭鹰的'高等教育关系论'以及'文化素质教育理论'等都值得我们深入挖掘、丰富拓展"②。尽管如此，我们依然觉得高等教育学的理论图景比较惨淡和灰暗。这到底是因为我们的高等教育学理论确实比较贫瘠还是因为我们对已有的高等教育研究成果梳理和挖掘不够，这个问题值得我们深思。

毫无疑问，理论是有边界、有门槛、有条件的，我们不能将什么都纳入理论的范畴，但过于严苛的标准会将某些理论挡在高等教育学理论的大门外。这需要我们积极开展"开放的、理性的、批评的、反思的、自我批评的、有能力自我改革的甚至有能力自我革命的"③高等教育学元研究或建立元高等教育学，为高等教育学理论的甄别、筛选、建设、发展提供可以参照的坐标系。

---

① 刘亚猛.什么是"理论"？[J].外国语言文学,2006(4):264.

② 解德渤.论我国高等教育学的理论图景——基于知识社会学的分析[J].高等教育研究,2021(7):58-66.

③ 埃德加·莫兰.方法:思想观念[M].秦海鹰,译.北京:北京大学出版社,2002:279.

这种坐标系本身既包含高等教育学理论,又超越高等教育学理论,可以为高等教育学理论提供一种考察自己、解释自己和超越自己的可能性。

3.性质与功能联袂规定和解释高等教育学理论

高等教育学理论之属性的判定依据,深藏在高等教育学理论的性质与功能之中。其中,性质是"决定"高等教育学理论之所以成其为高等教育学理论的内在依据和根本条件,功能则旨在"呈现"高等教育学理论之所以成其为高等教育学理论的意义和价值;高等教育学理论的性质决定高等教育学理论的功能,高等教育学理论的功能又反过来强化高等教育学理论的性质,二者在环回对话中升华高等教育学理论的品质和境界。一言以蔽之,性质是决定性的和根本性的,功能是必要的和重要的。这是我们理解、识别和判定高等教育学理论的"辩证法"或"方法论"。

三、高等教育学理论体系建设路在何方

探究高等教育学理论不只是为了"走进高等教育学理论世界"[①],更深层的目的是接近高等教育事实中所蕴藏的"永恒要素",即关于高等教育的终极原因、一般原理、基本规律的知识,因为这些"永恒要素"即使在高等教育事实消失之后,还将继续存在并发挥不可替代的作用,比高等教育事实更普遍、更坚硬和更恒久。从根本上说,这些"永恒要素"属于求真和求是的范畴,是高等教育学理论体系建设的根本动因、基本航向和最高原则。

(一)高等教育学理论体系构建的历史求索

自20世纪80年代初高等教育学创建以来,学界从未怠慢过高等教育学学科建设,从未停止过对高等教育学理论体系构建的探索。然而,高等教育学理论体系到底如何构建,迄今依然是高等教育学学科建设中"未了结"的难题。20世纪90年代,高等教育学界曾多次召开会议,专门研究和讨论高等教育学学科建设的问题。譬如,1992年,厦门大学高教所召开了全国

---

① 高等教育学理论体系存在单体理论体系和群体理论体系之别,前者实为"自成系统"的高等教育学单体理论,后者实为"互成系统"的高等教育学群体理论。从单体理论体系到群体理论体系,是高等教育学学科繁荣的必由之路,也是高等教育学学科建设的基本取向,还是高等教育学学科之林及其生发的总体生态景观。——笔者注

高等教育学研究会筹备会,并举办了"全国第一届高等教育学科建设讨论会";1993年,全国高等教育学研究会成立后,又以学科建设为主题连续举办了第二届、第三届学术年会,主题分别为"建设有中国特色的社会主义高等教育理论体系"(1993年)、"重新认识高等教育理论问题"(1995年),探讨如何构建高等教育学理论体系;及至1997年全国高等教育学研究会第四届学术年会召开时,高等教育学界认识到高等教育学理论体系的建设不能脱离现实问题研究,将会议主题调整为"高等教育理论研究如何更好地为高等教育发展与改革实践服务",开始从"以学科建设为主题"转向"以现实问题研究为重点"。自此,全国高等教育学研究会(2005年更名为"高等教育学专业委员会")的各届年会主题主要"以现实问题研究为重点",同时,也仍然有两次年会"以学科建设为主题",即2011年的"高等教育研究的使命与挑战"和2016年的"'双一流'背景下高等教育学学科发展"。另外,在1997年以后的一段时间,全国高等教育学研究会还保留了一个"学科建设小型讨论会",讨论了高等教育学理论体系的逻辑起点、理论与实践之间的中介环节等问题。总体而言,1978年以来的中国高等教育研究,沿着学科建设和现实问题研究两条并行而有所交叉的轨道前行,真实地反映了直面高等教育现实问题是高等教育学学科建设和高等教育学理论体系构建的不竭动力,探究基本理论与基本方法则是高等教育学学科走出"就事论事的经验之谈"的必由之路。

(二)高等教育学理论体系构建的专门探寻

高等教育学学科建设是一段艰苦跋涉的旅程,高等教育学理论体系构建是一种久久为功的事业,需要我们有敢坐和甘坐数十年冷板凳的精神。一直以来,高等教育学界有一批学者长期潜心于高等教育学理论体系构建的探索,产出一批值得尊重和挖掘的学术论著,丰富了高等教育学理论研究的百花园。比如,王建华的《高等教育学的建构》(广东高等教育出版社2009年出版),刘小强的《学科建设:元视角的考察——关于高等教育学科建设的反思》(广东高等教育出版社2011年出版),方泽强的《高等教育学的学科建设研究》(广东高等教育出版社2014年出版),李均的《元高等教育学论稿》(中国社会科学出版社 2020 年出版)等。从整体上看,这些研究走向了"元研究",开启了高等教育学理论研究关注"研究自我"和"反思自我"的征程,这既是高等教育学的一种"学科自觉",也是高等教育学开始向成熟进发的"重要表现"。

另有一批学者围绕高等教育学理论体系建设,相继抛出了不少富有启迪意义的学术观点或思想。比如,刘尧认为"高等教育理论体系应从高等教育特点论、高等学校特征论和高等教育学体系论三个维度切入"①;张德祥提出"高等教育与社会、人及高深知识的关系,是高等教育领域的三个基本关系,是构建高等教育学体系框架的三个基本维度"②;邬大光强调应从系统和组织的双重视角去研究高等教育,探明"高等教育作为'系统'的基本理论与作为'组织'的基本理论"③,以之为基础构建高等教育学理论体系。这些观点或思想有的是聚焦高等教育学理论体系构建的方法论,有的是求索高等教育学理论体系构建的思维原则,有的是探寻高等教育学理论体系构建的基本路径,但无一例外,皆是为了推进高等教育学理论体系建设。

(三)高等教育学理论体系建设的本质和支柱

理论体系建设到底该立足于什么或聚焦于什么? 这需要从理论的本质出发去寻找答案。按照《辞海》的释义,"理论"主要由"原理"来解释,"原理"主要由"规律"来解释,"规律"主要由"关系"来解释。具体而言,理论在根本上是"原理体系"或"体系化的原理";原理是具有普遍意义的基本规律,即"科学的某一领域或门类中具有普遍意义的基本规律"④;规律是"本质的或本质之间的关系"⑤。一言以蔽之,理论是原理体系,更是规律体系,揭示并构建规律体系是理论建设的本质和支柱。据此并综合前文不难引申,高等教育学理论体系实为以高等教育学概念体系为根基的高等教育学原理体系,高等教育学原理体系实为高等教育规律体系,高等教育规律体系

---

① 刘尧.对高等教育理论研究的新思考[J].云南高教研究,2000(3):14-16.

② 张德祥.高等教育基本关系与高等教育学体系建设[J].高等教育研究,2020(10):46-54.

③ 邬大光.高等教育学应该研究什么? ——二论高等教育学科建设[J].江苏高教,2020(12):11-15.

④ 辞海[M].上海:上海辞书出版社,2009:4882.

⑤ 列宁.哲学笔记[M].北京:人民出版社,1974:161.

实为一系列本质的或本质之间的高等教育关系,而立足于不同层次的高等教育关系去揭示不同层次的高等教育规律体系,实为高等教育学理论建设或构建高等教育学理论体系的"方法论"或"思维原则"或"基本法则"。

那么,我们需要建立什么样的高等教育规律体系?鉴于高等教育是总体性、一般性和特殊性的辩证统一体,鉴于高等教育的运行发展要受到高等教育总体规律、高等教育一般规律和高等教育特殊规律的规约,我们有必要去探寻并建立囊括以上三大规律的高等教育规律体系。目前,我们对高等教育一般规律的研究比较充分(潘懋元先生于 1980 年就提出了"教育内外部关系规律"),而对高等教育总体规律和高等教育特殊规律的研究还比较欠缺,一方面表现为对高等教育总体规律缺乏"深入研究",另一方面表现为对高等教育特殊规律缺乏"系统研究",即尚未建立起比较完整的高等教育特殊规律体系。过去,我们基本上持二元论的高等教育规律观,认为高等教育规律主要分为高等教育一般规律(或高等教育普遍规律或高等教育基本规律)和高等教育特殊规律,很少提及高等教育总体规律,但这并不意味着高等教育总体规律不存在。按照规律就是"本质的或本质之间的关系"①的界说,高等教育总体规律实乃"本质的或本质之间的高等教育总体关系",亦即高等教育总体趋势。那么,高等教育总体规律有哪些?高等教育既在关系中"自成系统",又在关系中与其他系统"互成系统",还在关系中"生成演化",可谓高等教育总体规律;高等教育由低级形态向高级形态转变,集中表征为从简单到复杂,从一元到多元,从一种多样性的统一到另一种多样性的统一,从无序到有序,可谓高等教育总体规律;不同类型或层次的高等教育作为关系共同体、利益共同体、命运共同体、责任共同体而存在,可谓高等教育总体规律;高等教育在系统中"整体生成"②,可谓高等教育总体规律……这些规律对所有类型或层次的高等教育及其要素都是通用的和适用的。高等教育总体规律蕴含着高等教育一般规律诸如高等教育内外部关系规律的大前提,比如"自成系统"决定了高等教育内部关系规律的客观存在,"互成

① 列宁.哲学笔记[M].北京:人民出版社,1974:161.
② 李枭鹰.高等教育哲学论[M].北京:中国社会科学出版社,2019:109.

系统"决定了高等教育外部关系规律的客观存在，"生成演化"决定了高等教育内外部关系规律之间的相互作用。

高等教育特殊规律是整个高等教育规律体系中最大的"规律家族"或"规律集合"，并且直指高等教育实践，直接规约高等教育行动。放眼望去，每一个高等教育领域都存在自身的特殊规律，诸如智育规律、德育规律、体育规律、美育规律、劳育规律、教学规律、师生关系规律、学习规律、学科规律、专业规律、课程规律等，这些规律在理论上还可以继续细分出多层级的子规律。高等教育特殊规律因为距离高等教育实践比较近，甚至直接指向高等教育具体领域，因而探寻和建立高等教育特殊规律体系意义重大。这正是高等教育学理论建设的责任和使命，也是高等教育学摆脱质疑或诟病的基本方略。

高等教育规律的发现离不开深入的高等教育研究。一般而言，不同类型的高等教育研究适合于探究不同的高等教育规律，不同的高等教育规律凭借相应的高等教育研究来发现，诸如：高等教育应用研究比较适合于探究高等教育特殊规律，高等教育历史与比较研究比较适合于探究高等教育一般规律，高等教育逻辑研究比较适合于探究高等教育总体规律，高等教育元研究比较适合于形成对高等教育规律体系的反思、质疑和批判，促进高等教育规律研究走向自觉，进而催生高等教育学理论自觉。在此，仅就历史与比较研究对于一般规律的发现，举一个简单例子加以说明，以帮助我们理解。众所周知，马克思、恩格斯综合了人类认识史的积极成果，特别是批判地吸取了黑格尔辩证法的合理部分、费尔巴哈唯物主义的基本内核，并概括了各种科学的积极成果，揭示出自然、社会和思维运动、变化、发展的普遍规律，创立了辩证唯物主义，基本完成了哲学的综合；同时，还综合了人类历史研究的积极成果，特别是批判地剖析了亚当·斯密、大卫·李嘉图的古典政治经济学以及圣西门、傅立叶、欧文的空想社会主义，吸取了其中的科学成分，深刻地研究了资本主义社会和其他形态的社会，发现了社会历史发展的普遍规律，创立了历史唯物主义、科学社会主义和马克思主义政治经济学，基本完成了历史的综合。① 这种包含哲学和历史的大综合,彰显并诠释了历史与比较研究对于探寻、发现和揭示一般规律的意义。

(四)高等教育学理论体系建设的求真与求用

一直以来,高等教育学界存在一种"重求用而轻求真"的倾向。众所周知,"求真"与"求用"是高等教育学理论的"双重理想"或"一中之二"。求用以求真为基石,求真以求用为归宿,二者相互共生、相互寄生、相互利用、相互反馈,我们不可舍弃或偏废任何一方。过去,我们本着求用的态度去探寻高等教育学理论,取得了不少值得肯定的理论成果,但仅止于求用的理论无疑是不完备的、不透彻的、不知其所以然的,我们必须谋求求真与求用的和谐与统一。鉴于此,有研究者提出高等教育学"既要发展'为什么''是什么'的解释性理论,还要发展'怎么做''怎么做好'的实践性理论和技术应用策略"②。

从现实来看,当今中国正在加紧推进高等教育改革和创新,高等教育新事物不断涌现,带来了各种新使命、新问题和新挑战,尤其是以高等教育现代化建设、高等教育强国建设、"双一流"建设以及高等教育治理体系和治理能力现代化建设为主旋律的高等教育改革,正热切呼唤各种具有强劲诊断力、解释力、改造力、预测力、反思力、质疑力和批判力的高等教育学理论破土而出。面对新的高等教育形势和高等教育需求,只是本着"求用"的态度去探索高等教育学理论,容易陷入急功近利的泥淖。鉴于此,我们还需要本着"求真"的精神,即一种"不考虑知识的实用和功利性,只关注知识本身的确定性,关注真理的自主自足和内在推演"③的精神,去探明高等教育学理论的本源、本质、属性以及生发方法和基本路向,从根本上消弭高等教育学理论内在的矛盾、悖论和陷阱,避免以高等教育学理论为指导而出台的各种关于高等教育的制度、政策、方案和举措,与高等教育发展的本质属性、内在逻辑和基本规律背道而驰。

---

① 闵永昌,黄明理.论自然界的普遍规律[M].长沙:湖南大学出版社,1987:14-15.
② 方泽强.高等教育学"学科危机":一种话语策略——基于高等教育学分类的分析[J].现代教育管理,2020(4):10-17.
③ 吴国盛.什么是科学[M].广州:广东人民出版社,2019:106.

高等教育学在根本上是一门应用性学科,求用是高等教育学理论的本分和天职,但这绝不意味着我们可以摒弃"为学术而学术"或"为知识而知识"的精神,或忽视"演绎科学"对高等教育学理论研究和建设的特殊意义。辩证地看,要真正理解"经验世界",有必要进行"先验追溯"。但总体而言,我们还没有充分重视演绎科学或先验追溯,这或许与"中国学人善于记事,对事物分门别类,发掘事物之间的联系,不善于对本质、道理进行抽象演绎"[①]存在某种关联。不可否认,这种"没有充分重视演绎科学或先验追溯"或"不善于抽象演绎"的现象,深刻影响着各学科理论包括高等教育学理论研究范式的采信和运用。辩证唯物主义的"认识论大循环"告诉我们:从具体到抽象,再从抽象到具体,又从具体到抽象,是两个循环的认识阶段和认识过程,潜含着抽象与具体、演绎与归纳、分析与综合的环回对话,对于构建学科理论(体系)具有特殊的方法论意义。基于此,我们认为单纯地依托经验或理性,不足以求得关于高等教育的真知识,不足以建立起科学的高等教育学理论体系,不足以兑现高等教育学理论求真与求用的双重理想。

高等教育学理论的求真与求用的环回对话,内在地根源于高等教育学理论的性质与功能的辩证统一。高等教育学理论的求真在高等教育学理论的求用中体现和释放,高等教育学理论的求用又为高等教育学理论的求真提出要求和提供营养。高等教育学理论生在高等教育之中,长在高等教育之内,必须与高等教育互动对话,这种互动对话是高等教育学理论与高等教育互动发展的生态机制。易言之,高等教育是高等教育学理论孕生的土壤,没有高等教育发展的刺激、需要和选择,就不会有高等教育学理论的破土而出和新陈代谢。当然,诸高等教育学理论之间也要形成互动对话,因为高等教育学理论的孕育、诞生、成长、发展和丰富,离不开高等教育学理论自身的"矛盾运动",离不开高等教育学理论之间的"相互补充",离不开高等教育学理论之间的"交流对话"。一言以蔽之,求真与求用齐头并进和环回对话,是高等教育学理论建设与创新的观念基础、总则纲领和行动指南。

---

① 吴国盛.什么是科学[M].广州:广东人民出版社,2019:284.

（五）高等教育学理论体系建设的逻辑性与系统性

高等教育学理论体系建设既需要"固本培元"，也需要"创新发展"，还需要"正本清源"。一直以来，高等教育学界比较热衷于"创新发展"，对"固本培元"和"正本清源"重视不够、投入不够和贡献不够，而后者恰恰是建设高等教育学理论大厦的根基，以及纵深推进高等教育学科学化发展的保障。我国的高等教育学自1983年正式建制以来，可谓发展迅猛、成绩斐然、举世瞩目，形成了以高等教育学为主干的高等教育学学科群，诞生了一批具有中国特色的高等教育学理论，我们有必要对这些成果进行比较系统的梳理、归纳和总结，在继承中创造和发展新的高等教育学理论。这正是高等教育学理论建设和科学化发展不可或缺的"固本培元"和"正本清源"。仅就正本清源而言，任何一个学科发展到一定的程度，学术共同体都有必要回过头去对以往的理论与实践成果做一些梳理、甄别、筛选、挖掘、完善、拓展、丰富以及反思、质疑和批判工作，将那些有价值的理性认识概念化、原理化、逻辑化和系统化，使之适合于传授、学习、继承和发展。这是一个学科科学化发展的必要条件，也是一个学科走向成熟的关键之举。

高等教育学理论体系建设是一项具有自身独特逻辑的系统性工程。这项工程最后完成得怎样，取决于我们能否按照学科的本质及其发展的内在逻辑推进高等教育学的建设与发展，取决于我们能否全面总结高等教育学建设与发展的经验与教训，取决于我们能否系统反思高等教育学建设与发展走过的历程，取决于我们能否找到高等教育学建设与发展的有效模式，取决于我们能否全面推进高等教育学子学科的建设与发展。仅就高等教育科学研究而言，按照张德祥教授的说法，至少应该涵盖四个内在关联、相互支撑和不可或缺的方面：一是元高等教育学研究或高等教育学元研究，二是高等教育学原理研究，三是高等教育学子学科建设研究，四是高等教育重大理论问题研究。① 相比而言，近四十年来，高等教育学原理研究作为我国高等教育学发展的基石，一直得到重视和保持，与之相关的高等教育学著作或教

---

① 张德祥,别敦荣,周光礼,等.加强新时代教育科学研究工作(笔谈)[J].中国高教研究,2019(12):1-9.

材已有数十个版本,但这些著作或教材的分析框架"大同小异",即主要围绕高等教育与人的发展、高等教育与社会发展两大基本关系来构建高等教育学理论体系①。高等教育重大理论问题研究因为多数直指高等教育的难点、热点和焦点问题而备受重视,与之相关的论著也相当丰硕。元高等教育学研究或高等教育学元研究,因门槛太高且抽象晦涩而成为"小众领域",这方面的研究实乃少之又少,说它还处在萌芽阶段也不为过。高等教育学子学科建设研究因涉及面广而呈现出明显的"不充分不平衡"特征,集中表现在两个方面:一是高等教育学、高等教育管理学等子学科的发展相对要充分一些,迄今已出版了数十种专门的著作或教材以及取得大量的相关的学术成果;二是除高等教育学、高等教育管理学之外的其他子学科几乎是一片荒地,尽管还有个别子学科诸如高等教育社会学等也出版了几部著作或教材,但不足以支撑该学科的理论大厦。

当然,我们也要看到,这种情况正在好转,高等教育学研究或高等教育科学研究开始呈现"全面铺开"的态势,即一些学者致力于元高等教育学研究或高等教育学元研究,一些学者致力于编写高等教育学子学科丛书,一些学者致力于绘制高等教育学理论地图,一些学者致力于构建高等教育学学科体系、学术体系和话语体系,一些学者致力于探寻高等教育研究方法论,一些学者致力于研究高等教育重大理论问题,高等教育学科学化的前景美好而远大。

---

① 张德祥.高等教育基本关系与高等教育学体系建设[J].高等教育研究,2020(10):46-54.

第五讲
高等教育学逻辑起点研究的四个反思

　　繁荣发展哲学社会科学是高等学校的责任和使命，而推进哲学社会科学理论体系建设是高等学校繁荣发展哲学社会科学的题中之义和必然要求。作为哲学社会科学不可或缺的支脉，教育学的理论体系建设路在何方？20世纪80年代，国内一批教育学者试图从逻辑起点出发，按照教育学的内在理路，借助逻辑手段或逻辑力量，经由抽象到具体，推演和构建教育学的理论体系，由此掀起了一股研究教育学逻辑起点的热潮，并产出了一批值得尊重的学术成果。

　　20世纪90年代，受教育学逻辑起点研究的启示，高等教育学界也开始研究逻辑起点，也试图从逻辑起点出发，按照高等教育学的内在理路，借助逻辑手段或逻辑力量，经由抽象到具体，推演和构建高等教育学的理论体系。可惜，好景不长。21世纪以来，教育学或高等教育学逻辑起点研究迅速冷却，甚至从"热点"降至"冰点"，学界很少有人再研究或讨论逻辑起点问题。细究其原因，似乎并非教育学界或高等教育学界有意怠慢逻辑起点研究，而是因为这项研究本身可能存在着一系列"先在问题"或"前提问题"尚待解密，诸如逻辑起点到底如何取义，从逻辑起点出发构建科学或学科理论体系是否科学，学科的逻辑起点是一元（单数）的还是多元（复数）的，等等。这些问题得不到破解，教育学或高等教育学逻辑起点研究本身就没有起点和根基。

一、逻辑起点到底如何取义

逻辑起点的思想主要源自黑格尔,然而"逻辑起点"作为一个概念或术语,并非黑格尔的"直接用语",而是国内学者根据黑格尔在《逻辑学》或《小逻辑》中关于"逻辑的开端""逻辑学的开端""哲学的开端"等说法,演绎出的概念或术语,属于一种"中国式表达"或"中国式自造伟词"。黑格尔的《小逻辑》中存在这样的表述:"我们把概念认作存在和本质的真理,也许不免有人要问,为什么不把概念作为逻辑的开端呢?"①"纯存在或纯有之所以当成逻辑学的开端,是因为纯有既是纯思,又是无规定性的单纯的直接性,而最初的开端不能是任何间接性的东西,也不能是得到了进一步规定的东西。"②"如果以一个当前直接的东西作为开端,就是提出一个假定,或者毋宁说,哲学的开端就是一个假定。"③从黑格尔的表述来看,"逻辑学的开端"或"逻辑的开端"与"哲学的开端"显然是截然不同的,即逻辑学的开端或逻辑的开端是无规定性的"纯存在或纯有",而哲学的开端是一个"假定"。

国内学者根据黑格尔关于"逻辑学的开端"或"逻辑的开端"的说法,就逻辑起点提出了颇有代表性的"三规定性说""四规定性说"和"五规定性说"。其中,"三规定性说"在教育学界最受认可和推崇,此说主要包含以下观点:(1)逻辑起点应是一个最简单、最抽象的规定,不以任何东西为前提,不以任何东西为中介,即逻辑起点"不能是一个具体物,不能是在本身以内包含着一种关系那样的东西"④,而是"纯存在或纯有",而"纯有既是纯思,又是无规定性的单纯的直接性";(2)逻辑起点应揭示对象的最本质规定,以此作为整个体系赖以建立起来的根据、基础,而科学理论体系的"全部发展都包括在这个萌芽中"⑤;(3)逻辑的起点与对象历史上最初的东西相符合,即"那在科学上最初的东西,必定会表明在历史上也是最初的东西"⑥。

---

① 黑格尔.小逻辑[M].贺麟,译.北京:商务印书馆,2011:326.
② 黑格尔.小逻辑[M].贺麟,译.北京:商务印书馆,2011:189.
③ 黑格尔.小逻辑[M].贺麟,译.北京:商务印书馆,2011:37-38.
④ 黑格尔.逻辑学:上卷[M].杨一芝,译.北京:商务印书馆,1996:61.
⑤ 黑格尔.逻辑学:上卷[M].杨一芝,译.北京:商务印书馆,1996:20.
⑥ 黑格尔.逻辑学:上卷[M].杨一芝,译.北京:商务印书馆,1996:77.

沈剑平立足于《资本论》的逻辑起点,认为逻辑起点具有以下"四大规定性"①:(1)逻辑起点是整个范畴体系中最简单、最基本、最抽象、碰到过亿万次的范畴;(2)逻辑起点是标志研究对象的"纯存在"范畴;(3)逻辑起点应该和历史起点相吻合;(4)逻辑起点是"胚芽"形式,包含着研究对象从低级到高级形式运动发展时的一切矛盾中最基本、最主要的矛盾运动。瞿葆奎、郑金洲认为逻辑起点具有以下"五大规定性"②:(1)逻辑起点是一门科学或学科中最常见、最简单、最抽象的范畴;(2)逻辑起点应与研究对象相互规定;(3)逻辑起点是一切矛盾的"胚芽",是事物全部发展的雏形;(4)逻辑起点表现或承担着一定的社会关系;(5)逻辑起点同时也是历史的起点。

稍加考察不难发现,无论是"三规定性说",还是"四规定性说",抑或是"五规定性说",都是根据黑格尔关于"逻辑学的开端"或"逻辑的开端"的论述来诠释和演绎逻辑起点的,亦即说,教育学界提出的逻辑起点,主要取义于"逻辑学的开端"或"逻辑的开端"。综而观之,这些诠释或演绎皆强调"逻辑起点是一个最简单、最抽象的规定或范畴",坚信"逻辑起点蕴含构建科学或学科理论体系的胚芽",信奉"逻辑起点与历史的起点一致"。稍加对比,"四规定性说""五规定性说"只是对"三规定性说"进行了一定程度的丰富、拓展和通俗化解释。与"三规定性说"和"四规定性说"稍有不同,"五规定性说"还强调"逻辑起点表现或承担着一定的社会关系",突破了逻辑起点"不能是一个具体物,不能是在本身以内包含着一种关系那样的东西"以及"不能是任何间接性的东西"的樊篱,但这种"突破"与"逻辑起点是一门科学或学科中最常见、最简单、最抽象的范畴"的规定性存在某种"不相容",即"逻辑起点表现或承担着一定的社会关系"与"逻辑起点是一门科学或学科中最常见、最简单、最抽象的范畴"存在难以理解或消弭的内在矛盾。

那么,到底如何理解"逻辑起点"?按照黑格尔的说法和用法,"逻辑学的开端"或"逻辑的开端"显然不能与"哲学的开端"画等号,即前者是没有规定性的"纯存在或纯有",而后者是有规定性的"一个假定"。那么,逻辑

---

① 沈剑平.教育学逻辑起点初探[J].教育研究,1988(3):39-42.
② 瞿葆奎,郑金洲.教育学逻辑起点:昨天的观点与今天的认识(一)[J].上海教育科研,1998
(3):4-5.

起点到底该取义于"逻辑学的开端"或"逻辑的开端",还是该取义于"哲学的开端"?根据黑格尔的说法,我们姑且将取义于"逻辑学的开端"或"逻辑的开端"的逻辑起点称为"范畴意义上的逻辑起点",将取义于"哲学的开端"的逻辑起点称为"假定意义上的逻辑起点"。相应地看,"范畴意义上的逻辑起点"即为"一个最简单、最抽象的范畴",这个"范畴"必然是某种"极限的简单、抽象",而我们实难把握这种"极限的简单、抽象"的边界,即到底简单、抽象到什么程度才是"最简单、最抽象"的极限,而且"最简单"与"最抽象"也不一定具有绝对的"同一性"。事实上,"最简单"与"最抽象"经常不存在"同一性",即最简单的范畴未必是最抽象的范畴,最抽象的范畴也未必是最简单的范畴;从总体上看,最抽象的范畴一般是本质规定性最丰富而非最简单的范畴,因而从最抽象的范畴出发生发范畴体系及其理论体系是可能的,这种生发过程是一个从抽象到具体的过程。根据业已呈现的范畴体系或概念体系,我们可以从"花草树木"抽象出"植物",从"牛马猪狗"抽象出"动物",从"植物和动物"抽象出"生物",从"生物与非生物"抽象出"物质",从"物质与意识"抽象出"存在"。也就是说,"存在"是上述这些范畴中最抽象的范畴,但同时也是规定性最丰富的范畴;抽象范畴与具体范畴之间的关系,不是整体与部分之间的关系,而是普遍与特殊之间的关系。另外,抛开"最简单"与"最抽象"是否具有绝对的"同一性"不说,按照抽象性依次递增的生发图式,一切学科的逻辑起点最终都会抽象为"某种存在",诸如数学存在、物理存在、化学存在、历史存在、文化存在、经济存在、教育存在等,我们总不能模式化地将"某种存在"视为某学科的逻辑起点吧。事实上,教育学界确有学者将"教育存在"[①]视为教育学的逻辑起点。不过,这种放之四海而皆准的"万能公式般的推演"并未取得共识,这一点完全可以从各种见仁见智或众说纷纭的逻辑起点论见出。

从理论上讲,逻辑起点作为一种"极限简单"或"极限抽象",实乃一个特殊的"初始点"或"原初点",因而到底如何发现和揭示逻辑起点,即所谓

---

① 郭元祥.教育学逻辑起点研究的若干问题思考——兼与有关同志商榷[J].教育研究,1995(9):30-34.

的"初始点"或"原初点",必然是一个"难题":其一,在于初始点的尽头或源头难以把握;其二,在于初始点的发现和揭示在根本上取决于一个人的理性能力或本质力量,亦即说,当一个人的理性能力或本质力量不够时,要发现和揭示逻辑起点是不现实的,其难度可与探寻宇宙的起源相媲美;其三,面对相同的学科,因为每个人的理性能力、本质力量以及知识背景、思维、视野等存在差异,不同的人所洞见的逻辑起点也定然不尽相同甚至不啻霄壤,进而孕生见仁见智的逻辑起点论——教育学界或高等教育学界呈现的形形色色的逻辑起点论便是力证,而这种逻辑起点的"多样性"与最简单、最抽象的范畴的"唯一性"无疑是相矛盾的。

综合以上的分析,我们认为与其将逻辑起点视为"一个最简单、最抽象的范畴",不如将其视为"一个假定",而这个假定与简单或抽象与否并不存在必然联系。这不仅是因为后者比前者更加具有"理论张力"和"理论建构的普适性",还因为科学研究一般皆从某个"假定"开始,并且不同的科学理论也往往是立足于不同的"假定"的。此外,鉴于逻辑学是一种"关于思维形式及其规律的科学"①,基于逻辑学研究和探索"纯粹理念原则"的学科性质,将逻辑学的开端视为"一个最简单、最抽象的范畴"或许是恰切的,但将这种"无规定性的范畴"推广到其他学科恐怕超出了它的"适用范围",也定然违背它的"运用法则"。

二、从范畴意义上的逻辑起点出发构建科学或学科理论体系是否科学

20世纪八九十年代,教育学界或高等教育学界之所以热衷于探寻逻辑起点,一方面是为了谋求本学科的科学化发展以实现转型升级,另一方面是为了汲取先发学科(诸如经济学)的经验以探索本学科理论体系构建的范式和路径。然而,这种诉求并未如愿,致使逻辑起点研究很快从"热点"降至"冰点"。这不由得让我们从根本上去反思和深究"从范畴意义上的逻辑起点出发,通过从抽象上升到具体,推演和构建学科理论体系"到底是否科学。

---

① 辞海[M].上海:上海辞书出版社,2009:2757.

（一）到底是科学或学科理论体系孕生了逻辑起点还是逻辑起点生发了科学或学科理论体系

逻辑起点不是原生的,理论体系也不是原生的。从发生学的视角看,逻辑起点和理论体系皆是人为构建的精神产物,皆属于"后天的事实",甚或是"再后天的事实"。易言之,逻辑起点和理论体系皆存在一个从无到有的孕生过程。借瞿葆奎先生的话说,逻辑起点实乃"对某门科学的网络范畴进行严密的逻辑推理和哲学思考之后,所凝成的思想结晶"[①]。言下之意,逻辑起点的生成是一个"从具体到抽象"的过程,即逻辑起点从"某门科学的网络范畴"抽象而来,没有网络态的范畴体系就无法抽象出逻辑起点。显然,某门科学的网络范畴同样不是原生的,它本身也是一种"思想结晶"。由此,逻辑起点作为"对某门科学的网络范畴进行严密的逻辑推理和哲学思考"的产物,实乃"思想结晶的结晶",属于"再后天的事实"。简言之,先有"网络范畴",后有"逻辑起点",而且无论是"网络范畴"还是"逻辑起点"都是后天抽象出来的产物。这个过程是一个从具体到抽象的过程,一个与"从逻辑起点出发,通过从抽象上升到具体,生发范畴体系,进而构建和支撑理论体系"之进路反向的过程。为了拨开逻辑起点与科学或学科理论体系之相互关系的"云日",我们再从以下三个方面加以阐述。

第一,范畴意义上的逻辑起点,并不是一门科学或学科理论体系的生发范畴,而是一种"从抽象到具体"的前提条件。从具体到抽象,再从抽象到具体,又从具体到抽象,是认识的两个阶段,也是一种认识论大循环。作为一种认识阶段或认识过程,"从抽象到具体"的目的在于谋求知识,用黑格尔的话说,"逻辑的目的既在于求思想性的或概念式的知识"[②]。显然,"求思想性的或概念式的知识"不等于"构建科学或学科理论体系"。换句话说,通过寻找一个逻辑起点来构建科学或学科理论体系并非黑格尔的本意。检阅科学史,我们也发现"科学抽象或'定义'不能用作真正明确的出发点,因为真正明确的出发点只有通过检验和观察才能得到"[③],而且"每一门科学都

---

①　瞿葆奎,喻立森.教育学逻辑起点的历史考察[J].教育研究,1986(11):37-43.

②　黑格尔.小逻辑[M].贺麟,译.北京:商务印书馆,2011:326.

③　卡西勒.启蒙哲学[M].顾伟铭,译.济南:山东人民出版社,1988:6.

不是先有一个确切的名称而后才开展其研究的,相反,规范名称的出现大都滞后于学科基本思想和观点的提出"①。此外,理性也警示我们,从抽象到具体的逻辑推演,只是先确定某些抽象原则然后再力求符合,未必能够生发经得起实践检验的科学或学科理论体系。

第二,无论是逻辑起点的凝练,还是严密科学或学科理论体系的构建,一般都发生在一门科学或学科发展过程的"较后阶段"。因此,谋求从某个逻辑起点出发构建科学或学科理论体系,或过早地强调逻辑起点以及科学或学科理论体系的严密性,皆有违科学或学科理论体系的生发规律,会在一定程度上束缚人的想象力和创造力,因为这意味着我们必须按照预设好的轨道构建科学或学科理论体系。显然,这是行不通的,尤其是对于"开放的社会科学"更是如此。就高等教育学而言,"希望找到一个蕴含高等教育多重关系、多重矛盾的最简单要素,作为高等教育学理论演绎的起点,然后通过概念、范畴、命题、理论的层层演绎和推进,建立起高等教育学理论体系……是一个不可能完成的任务,不仅对初生的高等教育学来说不可能,即使是人们公认的相对成熟的社会学、政治学、经济学等其他社会科学学科,有哪一个学科是从所谓逻辑起点出发推演或演绎出学科理论体系的呢?"②从根本上看,是多重的范畴运动或范畴之间的相互运动生发了科学或学科理论体系,范畴运动形成的网络态范畴体系又进一步支撑着科学或学科理论体系,而非逻辑起点生发和支撑着科学或学科理论体系。与其说逻辑起点是科学或学科之范畴体系或理论体系的"生成者",不如说它是科学或学科之范畴体系或理论体系的"生成物"。

第三,逻辑起点的凝练在根本上取决于科学或学科理论体系自身的发展、完善和成熟。也就是说,在范畴体系形成之前,在科学或学科理论体系成熟之前,仅凭逻辑推导去找寻逻辑起点并非明智之举:要么根本不存在逻辑起点,要么找不到真正的逻辑起点,要么只能找到探寻者心中的逻辑起

---

① 袁贵仁.论马克思的人学思想[J].马克思列宁主义研究(复印报刊资料),1993(3):9-16.
② 张应强.超越"学科论"和"研究领域论"之争——对我国高等教育学学科建设方向的思考[J].北京大学教育评论,2011(04):49-61.

点。诚如此，我们又不懂得绕道而行，以为"自古华山一条道"，最终难免陷入"西西弗斯困境"，导致科学或学科理论体系建设严重受阻或陷入僵局。从业已呈现的逻辑起点研究成果来看，只涉及少量"学科"，而这少量者又以"教育学及其相关的子学科"为主，除此之外，其他学科罕见研究逻辑起点问题。显然，这并非其他学科有意怠慢或忽视逻辑起点研究，而是因为学科逻辑起点研究本身也存在"逻辑起点"或"逻辑前提"。

（二）科学或学科理论体系的生发路径并非"从抽象到具体"或"从具体到抽象"的单行线

"从抽象到具体"和"从具体到抽象"，是两条不同的路径或两种不同的方法论，也是认识事物必经的两个阶段或两个过程。从逻辑起点出发，推演和构建科学或学科理论体系，属于"从抽象到具体"的演绎法。这种方法可以保证推演过程和推理结论的逻辑严密性，但却无法解决"演绎前提"的合理性问题，即演绎前提到底如何确立，这是演绎法的"阿喀琉斯之踵"。逻辑演绎容易深陷独断论的泥淖，也容易让科学或学科理论体系的构建走进"死胡同"。从这个意义上说，逻辑起点并非构建科学或学科理论体系的"金钥匙"，因为由逻辑起点出发构建的科学或学科理论体系，极有可能是一种"自我满足"且令人震惊的"理论结构"，造成"世界，不管它愿意与否，必须适应于某种思想体系，而这种思想体系本身又只是人类思维的某种特定发展阶段的产物"[1]的矛盾局面。我们需要逻辑，但不能神化逻辑，更不能为了逻辑化而刻意追求逻辑，因为那些"能被逻辑话语所消化的东西并非真实，真实抗拒逻辑话语"[2]，尤其在复杂的矛盾问题面前，逻辑无能为力。伏尔泰严肃而谨慎地告诫我们，"决不要制造假设；决不要说：让我们先创造一些原理，然后用这些原理去解释一切"[3]。演绎法的合理性必须根基于特定的演绎前提和适用范围，否则，它就会失去其应有的效力。

从逻辑起点出发，经由抽象到具体，或许可以抵达"纯理论王国"，却无

---

① 恩格斯.自然辩证法[M].北京:人民出版社,2015:76.

② 埃德加·莫兰.方法:天然之天性[M].吴泓缈,冯学俊,译.北京:北京大学出版社,2002:103.

③ 伏尔泰.形而上学导论[M].巴黎:伽利玛出版社,1962:172.

法走进"纯事实王国",因为纯理论王国与纯事实王国之间存在着一条难以逾越的鸿沟。要抵达纯事实王国,了解事实的真相,实验和观察必不可缺,并在此基础上"从具体到抽象",这是科学家的基本信条和行为准则。不惟科学家如此,有的哲学家也强调"科学概念的表述方法,既是分析的也是综合的"[1],甚至坚信"思想的道路不是从概念、公理到现象,而是相反"[2]。

从具体到抽象,再从抽象到具体,又从具体到抽象,是具体与抽象的环回对话,也是认识论大循环,蕴含科学或学科理论生发的方法论。总的来说,关于科学或学科理论体系建设,我们首先要建立一种具体与抽象的环回对话或新联盟,最大化地释放具体与抽象之于理论体系建设的力量、潜能和意义。其次,我们要将构建科学或学科理论体系的视域拓宽至模型、方法论、理论内核、元范畴、核心范畴、主导范畴、基本概念、关键性概念以及必要的观察和实验,走出独尊逻辑起点的思维窠臼。最后,我们还要洞察到,一切科学或学科理论体系诞生、存在和发展的终极原因,并非源自某个抽象的概念或范畴,而是深深地植根于社会发展需要与人类能动选择的双向互动,舍此,人类的一切伟大创造都将不复存在,因为人创造万事万物的终极目的是人自身,人才是人自身的目的。

三、高等教育学存在假定意义上的"单数逻辑起点"还是"复数逻辑起点"

学科与理论内在关联,学科是理论的家园,理论是学科的支柱。理论是学科最坚硬的部分,可谓学科的"玄武石"。每门学科都由若干具体理论构成,无论是数学、物理学、化学、生物学等自然学科,还是政治学、经济学、社会学、管理学、法学等社会学科,抑或是文学、语言学、伦理学、历史学、教育学等人文学科,无一不是如此。以管理学为例,它乃是由若干微观理论和宏观理论共成的理论集合体。其中,微观理论有工作特征理论、期望理论、公平理论、目标设置理论、社会交换理论、社会认同理论、社会学习理论、认知

---

① 卡西勒.启蒙哲学[M].顾伟铭,译.济南:山东人民出版社,1988:8.
② 卡西勒.启蒙哲学[M].顾伟铭,译.济南:山东人民出版社,1988:6.

评价理论、路径-目标理论、变革型领导理论、前景理论和社会信息加工理论,宏观理论有代理理论、资源依赖理论、权变理论、高阶梯队理论、种群生态学理论、资源基础理论、制度理论、交易成本经济学理论等。[①] 鉴于每门学科都表征为由一系列具体理论共成的集合体,探寻学科的逻辑起点就需要辨明以下三个基本问题:一是具体理论是否存在逻辑起点;二是如果具体理论存在逻辑起点,那么作为具体理论之集合的学科是否也存在逻辑起点;三是如果学科存在逻辑起点,那么这种逻辑起点与具体理论的逻辑起点存在什么关系。

(一)具体理论可以存在假定意义上的"单数逻辑起点"或"复数逻辑起点"

一般而言,具体理论往往从"一个假定"出发,像"牛顿力学、达尔文的进化论、爱因斯坦的相对论等都是一种猜测或暂时性假设"[②],因而可以存在"假定意义上的逻辑起点"。这种假定意义上的逻辑起点既可以是一元的,也可以是多元的,我们称前者为"单数逻辑起点",而称后者为"复数逻辑起点"。具体理论可以存在单数逻辑起点,也可以存在复数逻辑起点。譬如,毕达哥拉斯定理只是针对"直角三角形",属于典型的单数逻辑起点;狭义相对论基于"狭义相对性原理"和"光速不变原理",广义相对论基于"等效原理"和"广义协变原理",达尔文的进化论基于"物种是可变的""生物具有共同祖先"和"物竞天择,适者生存",属于典型的复数逻辑起点。

走进广阔的科学理论世界,我们发现每一种具体理论的确基于某种特定的"假定"或"假定的前提",存在其解释范围内的"假定"或"假定的前提",即所谓的"逻辑起点"。譬如,牛顿经典力学理论所包含的牛顿三大定律和万有引力定律之所以成立,基于宏观的低速质点运动,宇观尺度下的假设需要寻求相对论的解释,而更为微观的运动规律需要在量子理论中窥其全貌。易言之,牛顿经典力学理论、相对论、量子理论各自基于不同的假定,研究的起点各异,并且适用于不同的领域。又如,数学中的有理数、无理数

---

① 谭力文.管理学学科地图[M].北京:北京大学出版社,2019:56-119.
② 刘放桐,等.新编现代西方哲学[M].北京:人民出版社,2001:518.

和集合论也分别基于各自不同的假定。毕达哥拉斯学派认为"万物皆数"，将一切事物都圈定于整数或整数比的范畴之中，开创了以有理数为前提的数学研究，有理数的理论大厦以此为根基而逐渐成形。希伯斯则通过勾股定理得出根号二，敲开了无理数的大门，拉开了数学史上以几何为基础的研究序幕。当人们将关注点由无理数的来源（即几何）转移到无理数本身时，无穷概念帮助微积分挣脱了几何的束缚，为无穷集合的研究缓缓揭开了面纱，集合论也因此而成为现代数学的基础。从有理数到无理数再到集合论，各自呈现的假定不同，昭示出不同的数学理论存在不同的逻辑起点。

（二）从具体理论到分支学科再到学科的还原推导出"复数逻辑起点"

最初的知识酷似一个混沌的整体，并不存在今天的"分门别类"。大致而言，从古希腊到 16 世纪近代科学产生以前，"哲学包罗和融化着最初的自然知识和社会知识的萌芽"①，即哲学是包罗万象的。知识的高度融合使得学科及其分化还是一个尚未"浮出水面"的概念。同时，这种混沌性、高度融合性也被视为当时可以产生百科全书式人物的重要原因之一，像亚里士多德就是这样的人物。

近代以来，知识不断分化又不断综合，这是知识发展的整体态势或一般趋势。为了对不同科学领域进行专门而深入的研究，人类对知识进行分门别类的划分成为一种必然选择，由此而形成了今天数目繁多且相互关联的"学科森林"。也就是说，一边是知识的不断分化与不断综合，一边是知识经由专门化、逻辑化、结构化和系统化进行的分门别类，二者环回对话、互动发展，催生了一门又一门新学科，最终建构起立体网络态的"学科森林"。这是学科生发的基本历史生态，各学科大抵如此。譬如，物理学史展现了力学、热学、电学、光学以及相对论、量子力学、核物理和粒子物理学、凝聚态物理学和天体物理学等分支学科的生发轨迹，汇聚了一系列物理学理论。又如，化学在 17 世纪以前只是自然哲学的一个分支领域，迄今已成为一个囊括分析化学、有机化学、无机化学、物理化学、碳水化合物化学、硫类化合物化学、核化学、石油化学和固体化学等分支学科在内的庞大领域，包含一系列化学

---

① 李枭鹰.大学学科发展规划生成初探[J].高教论坛,2005(3)：32-36.

理论。再如，教育学最初只是一门"教学"的艺术，如今已是一个涵盖教育学原理、课程与教学论、教育史、比较教育学、学前教育学、高等教育学、成人教育学、职业技术教育学、特殊教育学、教育技术学等分支学科的"学科大家族"，其中，每一门分支学科又可继续细化，划分为若干更小的分支学科，而更小的分支学科又由若干相应的教育理论构成。

综观浩瀚的学科之林，一门学科之所以可称为一门学科，关键在于其拥有独特的研究对象，由此生发出独一无二的"分门别类知识"。由此可以推知，每门学科下设的分支学科也必定有其独特的研究对象，而每门分支学科下辖的各种理论也必然分别立足于不同的"假定"或"假定的前提"。从该意义上说，一门学科的逻辑起点实乃构成该学科的各种理论之逻辑起点的集合，亦即学科的逻辑起点是群体性的、复数性的、集合性的。这种"复数逻辑起点"的存在告诉我们，学科理论体系的构建之路是多元的，表征为"条条大路通罗马"，并非只有一条"单行道"。

教育学史上诞生过许多个性化的教育理论，这些教育理论共同构成了教育学理论的"百花园"。各种教育理论的假定以及以此为起点形成的思想或主张各异，被学界冠名为各种各样的"起点论"，诸如夸美纽斯的"人本起点论"，卢梭的"体育起点论"，赫尔巴特的"管理起点论"，斯宾塞的"知识起点论"，杜威的"生活起点论"，牧濑五一郎的"目的起点论"，吉田熊次的"本质起点论"，立花铣三郎的"教师起点论"，孟宪承的"儿童起点论"，陈元晖的"受教育者起点论"，刘刚的"教学起点论"，等等。[1] 这种现象一方面让我们深刻体悟到"人是万物的尺度"，即真理因人而异，对于一个人来说为真的判断，对于另一个人来说可能为假。另一方面，该同时暗示着这些教育论说或多或少都具有一定程度的个人经验主义色彩，将它们统摄或划归到"同一个假定"或"同一个假定的前提"之下难免有些牵强，各种教育论说的提出者恐怕也不会认可甚至还会强烈抵制这种"统摄"或"划归"。与此相反，复数逻辑起点论信守"各美其美，美美与共"的原则，不会滋生这种不认可或强烈抵制。

---

① 瞿葆奎,喻立森.教育学逻辑起点的历史考察[J].教育研究,1986(11):37-43.

（三）个别学科或少量学科可能不存在逻辑起点

具体理论存在这样或那样的逻辑起点，是否意味着作为具体理论之集合的学科都必然存在逻辑起点呢？对此，黑格尔给予了否定。他认为并非所有学科都存在逻辑起点，至少哲学就没有逻辑起点。他如是指出："哲学上的起点，只是就研究哲学的主体的方便而言，才可以这样说，至于哲学本身却无所谓起点。"①"哲学不像一般科学那样总有其假定的前提，它是一个自己证明自己，自己创造自己的对象，自己返回自己的'圆圈'，因而哲学没有一般科学意义上的起点。……作为自我运动的'圆圈'，哲学可以从任何地方开始。"②不过，黑格尔认为科学存在逻辑起点，即"科学总有其假定的前提"。但是，我们不要误以为一切科学或科学理论始于或基于相同的"假定的前提"。

四、"复数逻辑起点论"对高等教育学理论体系建设具有何种意义

20 世纪 80 年代，教育学领域兴起逻辑起点研究，形成了活动起点论、关系起点论、要素起点论、属性起点论四种代表性的"逻辑起点论"，每种逻辑起点论又包含若干"子逻辑起点论"③。总体而言，每一种逻辑起点论都坚信教育学的逻辑起点是一元的，也都坚信自身所阐发的逻辑起点是最正确的。20 世纪 90 年代，受教育学逻辑起点研究及其逻辑起点论的启发，高等教育学界也开始研究逻辑起点，形成了"办学育才论"④"高深专门知识的教与学活动论"⑤"课程论"⑥"知识起点论"⑦"高深学问论"⑧"大学生论"⑨

---

① 黑格尔.小逻辑[M].贺麟,译.北京:商务印书馆,2011:59.
② 张志伟.形而上学的历史演变[M].北京:中国人民大学出版社,2016:195.
③ 瞿葆奎,郑金洲.教育学逻辑起点:昨天的观点与今天的认识(一)[J].上海教育科研,1998(3):2-9.
④ 孔杰.关于构建高等教育学理论体系的基本问题[J].中国高教研究,1994(2):56-58.
⑤ 薛天祥,谢安邦,唐玉光.建立高等教育学理论体系的思考[J].中国高教研究,1994(1):55-60.
⑥ 何云坤.高等教育学的逻辑起点和研究规范问题新探[J].上海高教研究,1995(3):18-21.
⑦ 王洪才.论高等教育学的逻辑起点[J].江苏高教,1997(2):9-12.
⑧ 高耀明.高等教育学学科建设的四个基本问题[J].江苏高教,1997(2):13-15.
⑨ 杨德广.高等教育专论[M].上海:上海教育出版社,1998:349.

"高深知识论"①等多种见仁见智的逻辑起点论。

面对这些形形色色的、经验主义的和带有鲜明的个性化色彩的逻辑起点论，我们难免要产生这样的疑问：到底哪种逻辑起点论是唯一正确的，抑或说，所有的逻辑起点论都有其合理性？显然，这是两种不同的"假定"，采信不同的假定会得出不同的结论：如果信奉存在唯一正确的逻辑起点，那就意味着存在绝对的"单数逻辑起点"；如果确信所有的逻辑起点论都有其合理性，那就意味着存在相对正确的"复数逻辑起点"。根据前文所述，"复数逻辑起点论"经得起理性的雄辩和实践的检验，对高等教育学理论体系建设具有特殊的认识论和方法论意义。

（一）从"复数逻辑起点"出发构建高等教育学理论体系的认识论意义

高等教育是一个复杂的开放系统，向外关联着社会的政治、经济、文化、科技、人口、地理、生态等方方面面，连接、交织、缠绕和嵌套着各种复杂的社会问题，需要高等教育社会学、高等教育政治学、高等教育经济学、高等教育文化学、高等教育科技学、高等教育人口学、高等教育地理学、高等教育生态学等多学科的大力支持和共同参与。显然，这些学科基于各自不同的"系列性假定"而生发，共成高等教育学的分支学科群、交叉学科群和边缘学科群，共同支撑起高等教育学的知识大厦和理论大厦。

高等教育学因高等教育需要而生，高等教育的性质和特征规约高等教育学的性质和特征。开放的高等教育呼吁开放的高等教育学，开放的高等教育学又生发于开放的高等教育知识生产。开放的高等教育学实乃多假定、多中心、多支点、多范式的学科，开放的高等教育知识生产呈现为一种多学科的、交叉学科的、跨学科的和超学科的知识生产。高等教育学的开放性，除了取决于高等教育的开放性，还取决于作为高等教育主体或主题的人的复杂性。埃德加·莫兰指出，"人类存在同时是物理的、生物的、心理的、文化的、社会的、历史的"②，兼具多重本质规定性。这内在地规约了高等教

---

① 周倩.高等教育学理论体系逻辑起点新论[J].郑州大学学报（哲学社会科学版），2005（3）：170-173.

② 埃德加·莫兰.复杂性理论与教育问题[M].陈一壮，译.北京：北京大学出版社，2004：7.

育以及高等教育学势必与物理学、生物学、心理学、文化学、社会学、历史学等具有不可分割的内在关联,规约了高等教育学理论体系建设离不开物理学、生物学、心理学、文化学、社会学、历史学等相关学科的联袂发力和共同奠基,而物理学、生物学、心理学等学科的理论体系建设,无疑也需要其他相关学科的支持和参与。这种"支持之外有支持""参与之外有参与"的事实,确证且诠释了高等教育学的多学科性、交叉学科性、跨学科性和超学科性,同时潜含着高等教育学的"复数逻辑起点性"。

综上所述,妄图从一个逻辑起点(或一个假定)出发,经由逻辑中点,抵达逻辑终点,生发"自明自洽"的高等教育学理论体系,必将陷入"自我封闭"的逻辑泥淖,因为这与高等教育学的开放性相悖,与高等教育学所内蕴的多学科性、交叉学科性、跨学科性和超学科性不符。基于高等教育学的开放性、复杂性和可分化性,以及交叉学科性、多科学性、跨学科性和超学科性,从多个逻辑起点(或多个假定)出发,分别按照各自的逻辑或理路推进,遵循统一性和多样性的环回对话,共同孕育和生发立体网络态的高等教育学理论体系,更具合理性、现实性和可行性。广而论之,对于一切开放的人文社会学科及其理论体系建设而言,复数逻辑起点论较之于单数逻辑起点论,更具有"理论张力"和"理论体系建构力";事实上,业已呈现或存在的各种自然科学及其理论体系建设,也并非从"某个逻辑起点"出发,沿着某条单一轨道线性行进而完成的。

(二)从"复数逻辑起点"出发构建高等教育学理论体系的方法论意义

学科发展本身是一种学科运动,同时又是复杂的学科运动的产物。当代中国生态美学家袁鼎生教授认为,"学科运动有两种模式,一种是逻辑生态、历史生态、生境生态、环境生态复合地超循环;另一种是从应用学科走向历史、逻辑、比较学科,抵达元学科,回归应用学科,形成五维圈进的超循环;在两种超循环的统合运行中,学科系统走向前沿,显示了学术方略的大智慧"①。言下之意,学科发展或学科运动具有多中心性、多支点性、多路径性以及网络性、复合性和超循环性,这种思维原则或思维程序对学科及其理论

---

① 袁鼎生.超循环:生态方法论[M].北京:科学出版社,2010:182.

体系建设具有普适性的方法论意义。

学术研究是学科发展或学科运动的根本、支点和动力源。生发学科的学术研究是多类型的,而不同类型的学术研究又可以分为不同的层次,如形而上的原理、原则研究,形而中的制度、政策研究,形而下的技巧、技能研究,三者环环相扣且彼此贯通,形成学术研究的"顶天立地"。对于同一个学科而言,不同类型的学术研究,如应用研究、历史研究、比较研究、逻辑研究和元研究,分别处于不同的学术生态位,释放不同的学术生态价值。譬如,应用研究是运用基础理论与方法探索对象的特殊规律、直接服务实践的一种研究类型,属于始基性研究。这种"始基性"可以如是理解:"没有应用研究,就没有其后的各种研究;没有应用学科,就没有其后的各种学科;应用研究不完备,其后各种形态的研究先天不足;应用研究深入系统,其后的各种研究潜力无限,后劲醇厚绵长。"①从性质和功能上看,不同类型的学术研究基于不同的假定,采取不同的范式,承载不同的使命,发挥不同的功能,产出不同的成果,形成不同的影响,不同程度地支撑学科理论体系建设。譬如,作为高等教育学理论体系的根本或支柱,谱系性的高等教育规律体系的建立,离不开多类型学术研究的联合贡献,即通过应用研究去发现和揭示高等教育特殊规律,通过历史与比较研究去发现和揭示高等教育一般规律,通过逻辑研究去发现和揭示高等教育总体规律②,通过元研究去拓展、丰富、完善和圆融高等教育规律体系。

总而言之,高等教育学理论体系建设是一种基于多种假定、多种研究和多种范式的知识生产,是一种多中心、多支点和多端口的知识生产,是一种"以一生万"与"以万生一"非线性环回对话的知识生产,是一种裂变式、立体式和网络式的知识生产。这种复杂的知识生产犹如动态发展的"水系结构",一方面表征为高等教育学理论体系建设是一个永不停息、持续地向前流动的过程,途中有回旋、反复、曲折、洪波与浪峰;另一方面表征为高等教育学理论体系如同水系一般,存在多级分流且纵横交错的诸多"支脉",呈现

---

① 袁鼎生.超循环:生态方法论[M].北京:科学出版社,2010:192.
② 李枭鹰.论高等教育学学术体系的四重属性[J].高等教育研究,2021(6):54-60.

出"整体有序而局部无序"①的动态特征。鉴于高等教育学理论体系及其建设的"水系结构性",试图从一个逻辑起点(或一个假定)出发而完成网络态的、谱系性的、群落性的高等教育学子学科或学科支脉的构建,不合理、不现实且不可行,若非要如此,也只能获得封闭的、线性的、平面式的、僵化的高等教育学理论体系,而非开放的、非线性的、立体式的、充满活力的高等教育学理论体系。一言以蔽之,这既不符合高等教育学的历史与逻辑,也有悖于高等教育学的理想与现实。

最后强调,每一门学科都如同一座大山,构建其理论体系则如同登山,而登山的出发点、坡面、道路、方式、方法、工具等,都不是唯一的,我们可以选择不同的出发点,采用合适的方式,借助合理的工具,沿着不同的坡面,走不同的道路,登上山顶。也就是说,学科理论体系的构建之路是多元的,可以有多条线路,每一条线路又由相应的研究来支撑,譬如应用研究、历史研究、比较研究、逻辑研究和元研究,这些研究相互作用、相互对话、相互反馈,揭示不同类型和层次的规律,生发不同的具体理论,构成集合态的学科理论体系。总之,我们要摒弃单数逻辑起点论,采信复数逻辑起点论,这不只是一种观念的转变,还是一种范式的转变,对学科理论体系构建具有重要的认识论与方法论意义。

---

① 耿宁荷,李枭鹰,钱进.整体有序而局部无序:大学治理的生态图式与内在逻辑[J].现代教育管理,2018(1):43-48.

第六讲
高等教育学元范畴的寻找与阐释

只要是被称为学科,它就应该有自己的学科体系。学科是个性化的,不同的学科具有不同的范畴体系、话语体系、学术体系和学科体系。每个学科有每个学科的体系,如物理学有物理学的体系,生物学有生物学的体系,经济学有经济学的体系,哲学有哲学的体系,而这种体系又是以各自与众不同的范畴体系为支点或节点的。

作为一门关于高等教育的学问,高等教育学需要建立自己的范畴体系、话语体系、学术体系和学科体系,也必须有自己的范畴体系、话语体系、学术体系和学科体系,这并非为了建立"排他性的高等教育学语域"或"垄断的高等教育解释权"。现在需要解决的关键问题是,我们应如何建立高等教育学的范畴体系,进而支撑高等教育学的话语体系、学术体系和学科体系。

20世纪80年代,国内教育学界兴起逻辑起点研究,受其启发和影响,高等教育学界于20世纪90年代开始逻辑起点研究,但结果并不尽如人意。其中原因很多,最核心的是逻辑起点本身存在若干逻辑性问题尚未解决,诸如逻辑起点到底是什么,逻辑起点是一元的还是多元的,从逻辑起点出发构建高等教育学体系是否走得通。相对逻辑起点的晦暗不明,从元范畴出发构建高等教育学体系则更为可靠。站在历史的长河中看,元范畴的模糊不清或不确定,容易造成范畴体系、话语体系、学术体系和学科体系构建的严重受阻,甚或导致学科发展深陷"西西弗斯困境";元范畴、元范式和元理论的探寻、发现和形成是学科走向成熟和自觉的根本,而元范畴又是探寻、发现和形成元范式和元理论的基础。

一、何为元范畴

"元范畴"并非一个常用的学术术语,我们讨论或使用颇多的是"基本范畴"。因为对于一个学科而言,我们直面的主要是"基本范畴"。一般而言,每个学科皆有自身的基本范畴,如物理学有实物、场、运动、时间、空间等基本范畴,生物学有遗传、变异、同化、异化、适应、选择、进化等基本范畴,经济学有商品、价值、货币、资本等基本范畴,哲学有物质、意识、思维、存在、矛盾、形式、内容等基本范畴,教育学有教育、学校、教师、学生、课程、教学、学习等基本范畴。

在同一学科中,不同的基本范畴分处不同的"范畴生态位",扮演不同范畴体系的核心或轴心。也就是说,学科的基本范畴呈非线性网状分布,基本范畴处在这张范畴之网的不同区域,并扮演核心或轴心范畴的角色,即以某个基本范畴为核心或轴心,形成特定的范畴体系,此时的基本范畴即为元范畴。每一个学科的基本范畴都是多元的,因而每一个学科的元范畴也都是多元的。在特定的范畴体系中,元范畴内含该范畴体系的本质规定性,对该范畴体系具有统摄、规约和支配作用。为了更好地理解元范畴,我们对概念、范畴、元范畴、范畴体系加以简单的比较分析,即在联系与区别中把握元范畴的本质与特征。

(一)范畴与概念

范畴与概念既内在关联,又相互区别。一般情况下,我们经常不加区分地使用,或放在一起使用。事实上,范畴是范畴,概念是概念,但二者之间并非绝缘的。中国权威辞书《辞海》认为,范畴是一个"反映事物本质和普遍联系的基本概念"[①]。言下之意,概念包括范畴,比范畴的疆域更广,范畴可谓概念的"子集"或"真子集";范畴首先是概念,但它不是一般的概念,而是那些外延比较大、内涵比较小的"基本概念";并非所有的概念皆可称为"范畴",有些概念只是"概念"而非"范畴",只有那些反映事物本质和普遍联系的"基本概念"才能称为"范畴"。一言以蔽之,概念不一定是范畴,而范畴一定是概念,不存在不是概念的范畴。

---

① 辞海[M].上海:上海辞书出版社,2009:982.

范畴作为一种"基本概念",实乃普通概念的"抽象化",反过来看,普通概念则是范畴的"具体化";范畴既可以由普通概念"抽象"而来,也可以向普通概念"具体"而去。不同概念具有不同程度的抽象性,而只有达到一定抽象程度的概念,才能与范畴等量齐观,并在特定的语境下与范畴通用。亦即说,某些概念就是范畴,像植物、动物等,而某些概念只是概念甚或是名称,像太阳、地球、月球等。不同概念存在普遍联系性和本质规定性的差异,诸如在"桃树→果树→植物→生物→物质→存在"的概念链条中,从前到后抽象性在依次递增,概念的普遍联系性和本质规定性在依次递增,这意味着后者对前者具有统摄、规约和支配作用。同样,范畴也存在普遍联系性和本质规定性的差异。

(二)范畴与元范畴

元范畴是相对的,每一个特定的范畴体系皆有自己的元范畴。在特定的范畴体系(包括范畴链、范畴群、范畴团)中,元范畴具有最高水平的普遍联系性,内含其他范畴的本质规定性。袁鼎生教授在《超循环:生态方法论》一书中,曾把概念分为个体性概念、特殊性概念、类型性概念、普遍性概念、整体性概念、总体性概念。事实上,就普遍联系性或本质规定性的大小或高低而言,在特定的范畴体系中也可以采信类似的划分,诸如特殊性范畴、类型性范畴、普遍性范畴、整体性范畴、总体性范畴和元范畴。就生态位而言,在特定的范畴体系中,元范畴是所有其他范畴的"去处"(回归点)和"来处"(出发点)。元范畴是个性化的,是有规定性的,并非像"逻辑起点"那样是无规定性的。每一个元范畴都只是特定的范畴体系中最抽象的范畴,超出该范畴体系就未必是最抽象的范畴了。比如说,植物在植物世界是最抽象的元范畴,动物在动物世界是最抽象的元范畴,而放到生物世界,植物或动物主要扮演"基本范畴"的角色。

对每一个学科而言,元范畴是多元的,即在不同的范畴体系或范畴链中,皆可找到或抽象出一个元范畴。在"苹果树→果树→植物"的范畴链中,"植物"为元范畴;在"苹果树→果树→植物→生物"的范畴链中,"生物"为元范畴;在"苹果树→果树→植物→生物→物质"的范畴链中,"物质"为元范畴;在"苹果树→果树→植物→生物→物质→存在"的范畴链中,"存在"为元范畴。元范畴的确立还因人而异,每个人心中都有自己的元范畴,然后根据自己的元范畴去构建自己的范畴体系、话语体系和学术体系,形成个性化的学说或流派;身处同一学科,同一个人在不同的时期,其心中的元范畴也不是一成不变的,通常会存在元范畴的不断转型或升级。概而言之,元范畴具有主观性、总结性、元点性、相对性、多元性、时空性和流变性,在根本上区别于"范畴意义上的逻辑起点"①的最抽象性、最简单性和一元性。

(三)元范畴与范畴体系

从具体到抽象,再从抽象到具体,又从具体到抽象……如此周而复始,是一种"认识论大循环"。按照认识论大循环的行程,元范畴既处在"从具体到抽象"的总结点上,也处在"从抽象到具体"的生发点上。在该意义下,袁鼎生教授认为元范畴属于总结性范畴或生发性范畴。当然,这里的总结点或生发点,不止是一个纯粹的"点",可以是一条起跑线或终点线(如同跑道的起点或终点),还可以是一个界面(如同海平面)。

作为一个总结点和生发点合一的范畴,元范畴具有经由"横向铺开、纵向推进、立体裂变、前后相继和辩证回旋"而生成谱系性范畴体系的潜质潜能或可能性。站在总结点上回溯,元范畴吸纳了其各级范畴或特定范畴体系的精华,在"万物归宗"或"以万生一"中,凝聚了"以一生万"的潜质和潜能;立于生发点上前瞻,元范畴经由逐级"分有"自身的本质规定性,在"以一生万"中形成特定的谱系性范畴体系。在特定的谱系性范畴体系中,下一级范畴隶属于上一级范畴,既分有上一级范畴的本质规定性,又统摄于上一级范畴的本质规定性。② 元范畴的这种递次立体式分形,一方面确保了特定范畴体系的统一性和多样性,另一方面也确保了特定话语体系的谱系性和丰富性。元范畴的"横向铺开、纵向推进、立体裂变、前后相继和辩证回旋"的过程,是元范畴逐步走向丰富的过程,即范畴的类型和层次逐渐增加的过程,范畴体系逐渐结构化、立体化和网络化的过程。

---

① 李枭鹰,陈武元.高等教育学逻辑起点研究的"四个反思"[J].江苏高教,2021(12):16-23.
② 袁鼎生.超循环:生态方法论[M].北京:科学出版社,2010:261-272.

用发生学的眼光看,元范畴从旧范畴体系"抽象"或"聚形"而来,又向新范畴体系"具体"或"分形"而去,这是元范畴的运动轨迹,也是新旧范畴体系的演变理路。这意味着:元范畴与范畴体系是螺旋相依和互生共长的;特定的元范畴是特定的范畴体系的生成物(即元范畴脱胎于旧范畴体系),又是特定的范畴体系的生成者(即元范畴又生成新范畴体系);旧范畴体系是"后天的事实",元范畴是"再后天的事实",新范畴体系是"再再后天的事实"。元范畴与范畴体系之间的关系可以形式化为:旧范畴体系中的诸范畴→一系列旧中介范畴→元范畴→一系列新中介范畴→新范畴体系中的诸范畴。其中,"→"意为"层层的抽象或聚形"或"层层的具体或分形"。

元范畴作为一个兼具总结性和生发性的范畴,贯串于特定的范畴体系以及话语体系、学术体系和学科体系的始终,如同"中枢神经"贯通于我们每个人的周身。但是,从范畴体系到元范畴,或从元范畴到范畴体系,需要经由一系列"中介"或"中介范畴",并非一步到位或一蹴而就。以特定的元范畴为核心或轴心的多层级的抽象与具体、聚形与分形及其环回对话,确保了特定范畴体系的多样性与统一性。可以说,元范畴是范畴体系之大成,具有"全部真理"的性质,只能用整个范畴体系来表达,有限的概念、范畴、命题、判断、推理等只能表达元范畴的"部分真理"。

二、高等教育学元范畴的寻找

如同一切元范畴,高等教育学元范畴也是一种主观建构的产物,这种主观性决定了高等教育学元范畴的多元性、多样性和丰富性。事实上,每一个人心中皆有自己认可或坚持的高等教育学元范畴,否则,我们无法理解当今多样化的高等教育学理论体系或高等教育理论流派或高等教育学说或高等教育思想。高等教育学元范畴的主观性、多元性、多样性和丰富性,并不意味着任何一个范畴皆可作为高等教育学元范畴。根据前文的分析,在特定的高等教育学范畴体系中,只有那些身处总结点和生发点的范畴才具有高等教育学元范畴的资质。

高等教育学元范畴可以是显性的,也可以是隐性的。譬如,布鲁贝克旗帜鲜明地将"高深知识"视为其高等教育哲学的元范畴;张楚廷将"生命"贯串于高等教育学理论的直接叙述之中；涂又光的高等教育三阶段理论、泡菜理论和砧木理论都潜含着"文化"的基因；张德祥提出"高深知识是理解高等教育的一把钥匙"以及"高等教育基本关系与高等教育学体系建设"的命题，并将高等教育基本关系视为高等教育学的元范畴。

任何一个学科或理论必须有自身的元范畴，不管它是显性的还是隐性的，否则，这个学科或理论就没有主线，没有支点，没有灵魂。对于一个学人而言，也是如此。真正的学人一般有自己的元范畴，而且总是有意或无意地围绕这个元范畴去构建自己的思想、观点、主张、学说、理论等，形成"自成体系"或"自成一派"的学术成果。概括起来说，对于一个学科而言，元范畴具有统摄、规约、支配和生发的意义；对于一个学人而言，元范畴具有独特的范式、总纲和总则的意义。毫无疑问，对于高等教育学及其学人而言，高等教育关系就具有这样的双重意义。

（一）高等教育关系的认识论起点性

对于高等教育学而言，我们怎么找到其元范畴？从远处着眼，高等教育学因高等教育发展需要而诞生、存在和发展，探寻高等教育学元范畴理当从包括高等教育本身在内的高等教育对象中去寻找。面对高等教育现实世界，我们首先直面的是各种"高等教育对象"①，其次是追问各种高等教育对象的"高等教育属性"，再就是求解各种高等教育对象的"高等教育关系"。

对于高等教育对象、高等教育属性和高等教育关系，谁是高等教育学元范畴，或者谁是最根本的高等教育学元范畴？从本体论看，高等教育对象决定高等教育属性，高等教育属性决定高等教育关系；从认识论看，三者的关系则要反过来，即认识高等教育对象要通过认识高等教育属性来实现，认识高等教育属性又要通过认识高等教育关系来实现，即高等教育关系是考察高等教育对象或高等教育属性的"认识论起点"。毫无疑问，元范畴主要是从认识论上而言的，是就"从具体到抽象，然后从抽象到具体，再从具体到抽象"的认识论大循环而言的，尤其是就"从理性具体到理性抽象，再从理性抽

---

① 本文的"高等教育对象"主要指作为关系性存在或系统性存在的高等教育，与"高等教育存在"相通，主要包括高等教育实体和高等教育场。——笔者注

象到理性具体,又从理性具体到理性抽象"的认识论大循环而言的,而"高等教育对象→高等教育属性→高等教育关系→高等教育属性→高等教育对象"的周而复始,符合并体现了这种"认识论大循环"。在这个特定的范畴体系中,高等教育关系处在总结点和生发点上,作为高等教育学元范畴而存在,即最为根本的高等教育学元范畴。当然,高等教育对象或高等教育属性也可作为高等教育学元范畴,分别以之为核心或轴心也可以生发各自不同的高等教育学范畴体系、学术体系和学科体系,因为广义地看,高等教育对象、高等教育属性和高等教育关系都是一种"关系系统"或"关系集合体"或"关系性存在"。与此同时,高等教育对象、高等教育属性、高等教育关系又具有螺旋相依性和不可分割性。

第一,高等教育对象离不开高等教育属性和高等教育关系。高等教育对象作为高等教育属性和高等教育关系的"担负者",不能离开高等教育属性和高等教育关系这两个"被担负者",因为担负者与被担负者始终是相互定义、相互依存和螺旋相依的,即没有担负者就没有被担负者,没有被担负者同样没有担负者。从根本上看,高等教育对象总有一定的高等教育属性,高等教育属性总处在一定的高等教育关系之中,高等教育属性、高等教育关系总是高等教育对象的属性和关系。我们或许可以将高等教育对象从高等教育属性、高等教育关系中抽取出来加以单独研究,但脱离高等教育属性和高等教育关系的纯高等教育对象,绝非一种"具体的现实性存在",只能是一种"抽象的概念性存在"。

第二,高等教育属性离不开高等教育对象和高等教育关系。高等教育对象是高等教育属性存在的前提,高等教育属性是高等教育对象的属性,没有高等教育对象,哪来高等教育属性。同样,没有高等教育对象,又何谈高等教育属性。高等教育属性也离不开高等教育关系,高等教育属性总要通过高等教育关系来表现,其中高等教育内在规定性(如结构)是通过高等教育内部关系来表现的,高等教育外在规定性(如政治、经济、文化等功能)是通过高等教育外部关系来表现的。仅就外在规定性而言,高等教育功能就是高等教育与其他事物在相互作用过程中表现出来的属性,高等教育经济功能是高等教育与经济在相互作用中表现出来的属性,高等教育政治功能是高等教育与政治在相互作用中表现出来的属性,高等教育文化功能是高等教育与文化在相互作用中表现出来的属性。如此种种,不一而足。

第三,高等教育关系离不开高等教育对象和高等教育属性。从一般意义上说,关系必须有关系者,没有关系者就没有关系。关系总是在相互之间,无论是内部关系还是外部关系。根据前文,关系者不外乎对象、属性和关系,因而关系无非对象与对象、属性与属性、关系与关系、对象与属性、对象与关系、属性与关系以及对象、属性和关系等之间的若干基本关系。其中,高等教育对象与高等教育对象之间的关系,诸如大学、学科、专业、课程之间的相互关系,以及大学与大学、学科与学科、专业与专业、课程与课程之间的关系;高等教育对象与其他对象之间的关系,诸如大学与政府、市场之间的关系;高等教育对象与高等教育属性之间的关系,诸如高等学校与人才培养、科学研究、社会服务、文化传承创新之间的关系,一流学科与一流人才培养之间的关系;高等教育属性与高等教育属性之间的关系,诸如人才培养与科学研究之间的关系、高等教育结构与高等教育功能之间的关系;高等教育属性与高等教育关系之间的关系,诸如高等教育数量与高等教育公平之间的关系;高等教育关系与高等教育关系之间的关系,诸如教育内部关系与教育外部关系之间的关系,高等教育公平与高等教育效率之间的关系……总而言之,高等教育关系离不开高等教育属性和高等教育对象,即高等教育关系是高等教育对象、高等教育属性的关系,只有联系到高等教育对象和高等教育属性才能理解高等教育关系;高等教育对象、高等教育属性、高等教育关系,三者相互规定、相互描绘和相互表现。

(二)高等教育关系的范畴统摄性

作为一种范畴,高等教育对象、高等教育属性和高等教育关系皆是从具体到抽象的产物,抑或说是一种抽象化的产物。具体而言,高等教育对象从高等教育实体和高等教育场抽象而来,高等教育属性从高等教育的各种性质和功能抽象而来,高等教育关系从高等教育的各种相互作用抽象而来。在该意义上,高等教育对象、高等教育属性、高等教育关系皆具有"总结性范畴"和"生发性范畴"的品性,皆可作为特定范围内或某种意义上的高等教育学元范畴。从范畴的视角看,高等教育对象、高等教育属性、高等教育关系皆是一种谱系性的"范畴家族",形形色色的高等教育学范畴可以从这三者中找到各自的家园:要么属于高等教育对象的"范畴家族",要么属于高等教育属性的"范畴家族",要么属于高等教育关系的"范畴家族"。

作为不同的"范畴家族",高等教育对象、高等教育属性、高等教育关系皆有各自的"家族成员",而且各"家族"中的成员具有"家族相似性"。但是,不管一个范畴属于哪个高等教育(学)"范畴家族",它都只有在特定的高等教育关系中才能被定义。这意味着,一切高等教育(学)范畴皆内含"高等教育关系的本质规定性",高等教育关系对一切高等教育(学)范畴具有统摄、规约和支配作用。高等教育诞生至今,出现了大量的高等教育(学)范畴,我们实难从中找出哪个高等教育(学)范畴不需要在高等教育关系中定义,也实难从中找出哪个高等教育(学)范畴没有"分有"高等教育关系的本质规定性。更何况高等教育本身又是一种"关系系统"或"关系集合体"或"关系性存在",这在根本上也决定了"高等教育关系是最为根本的高等教育学元范畴"。作为一个家族性范畴,高等教育关系是一个总称,既统摄了高等教育关系本身的多样性,又包含了一切高等教育关系的统一性,还体现了各种高等教育关系的复杂性。

凝练范畴或概念,建立范畴或概念体系,是学科体系建设不可缺少的环节,甚或是学科体系建设的第一站。事实上,这也是我们培养学科意识最重要、最基础、最根本的途径,还是我们寻找研究主题最直接、最便捷、最有效的途径。我们认为,掌握一个学科的范畴体系是开启该学科的话语体系、学术体系和知识体系之大门的钥匙;每一个范畴或概念的背后,都潜藏着特定的或一系列的研究主题,学科史上每一个范畴或概念的背后几乎都存在独有的"学术史"或"研究史",而且范畴或概念的流变折射着概念对象的发展变化。2008年,笔者在邬大光教授的指导下,撰写过拙文《从高等教育概念变化看高等教育属性变化》[①]《从大学称谓变化看高等教育属性嬗变》[②],深

---

①　李枭鹰.从高等教育概念变化看高等教育属性变化[J].教育研究,2008(2):42-44.

②　李枭鹰.从大学称谓变化看高等教育属性嬗变[J].广西师范大学学报(哲学社会科学版),2008(3):99-102.

感高等教育(学)核心概念或基本概念或关键性概念的收集、梳理、归类等，对于我们理解和把握高等教育学的话语体系、学术体系和学科体系，具有特殊的认识论和方法论意义。事实也一再表明，形成高等教育学范畴或概念体系，建立这些高等教育学范畴或概念之间的逻辑关系，是构建高等教育学体系的关键、根本和规程。

三、高等教育学元范畴的阐释

高等教育关系是什么？求解这个问题，是理解、论证、反思、透视高等教育学元范畴的前提。从本体论或存在论上看，高等教育关系既是一种"存在原因"，也是一种"存在范型"，还是一种"存在场域"。作为一种"存在原因"，高等教育关系对高等教育具有发动、牵引、维持和再生的作用；作为一种"存在范型"，高等教育关系与高等教育伴生同出、相互规定、相互寄生；作为一种"存在场域"，高等教育关系是高等教育的生境，它与高等教育相互作用、相互反馈、相互适应，共成高等教育生态。这三种形态的高等教育关系交互作用，形成"存在原因—存在范型—存在场域"三联式复合结构。

（一）高等教育关系作为一种"存在原因"而存在

用生成论的眼光看，一切存在者或存在形态都不是原生的，而是从某种意义的原初态演化而来的"生成物"。这意味着，一切存在者或存在形态皆有其生发的原因，我们称之为"存在原因"。存在原因是存在者或存在形态孕育、诞生、存在和发展的根由、依据、条件和基础，实为"存在者之存在"。没有这种生发原因性质的"存在"，就不会有当今世界千姿百态的万事万物。

宇宙万事万物各有其"存在原因"，即"任何发生的事情总有一个原因或至少有一个决定性的理由，即这个原因或理由能够用来先验地解释此事物为什么是存在的，而不是不存在的，为什么是这样的，而不是那样的"①。对此，有人提出"宇宙被看成整个世界所以成为这个世界的原因。自然是整个生命世界所以成为这个生命世界的原因。心灵是我们作为人所以成为这

---

① 埃德加·莫兰.方法：思想观念[M].秦海鹰，译.北京：北京大学出版社，2002：251.

样一个人或那样一个人的原因"①。

那么，到底什么是万事万物的"存在原因"？马克思主义认为，相互作用是事物真正的终极原因。亦即说，相互作用是"存在原因"，是"存在者之存在"；离开了相互作用，就不会有万事万物的孕育、诞生、存在和发展。这意味着认识万事万物的生成演化，必须立足于万事万物的相互作用。当然，"相互作用"也是从某种意义的"原初态"演化而来的，并非无源之水。作为一种"互动"，"相互作用"始发于"无序"孕生的"相遇"，用埃德加·莫兰的话说，就是"有组织就必须有互动，有互动就必须有相遇，有相遇就必须有无序（乱流，涡流）"②。

无序是相遇之源，是互动之源，是组织之源，从而是有序之源。无序存在多种形态和多种状貌，如紊乱、涡流、不平衡、随机相遇。而不平衡作为一种特殊的无序，是具有热力学特征的相互作用的主要诱因，"从宇宙发生到生物发生都是一个热与冷之间的难把握的不平衡的复杂辩证过程"③。各种各样的不平衡，孕育和形塑了多彩多姿的宇宙世界，诸如"热的不平衡，涡流中生出的不平衡，相遇的不平衡，转变的不平衡，由断裂、分解、撞击、爆炸所引起的不平衡，它们一起构成了一个具有孕育能力的环状系列。它们通过千万次正反馈相互强化，相互促进，而正反馈本身却与分裂—成形这个对立面的发生过程难舍难分。这个容纳了种种无序的惊人的大杂烩（紊乱、涡流、不平衡、随机相遇等等）却是锻造宇宙组织和秩序的熔炉"④。综而观之，一切存在之物，在根本上，孕生于各种无序，要么是在不平衡中产生，要么是在紊乱、涡流、随机相遇中产生，要么是在"不断抵抗巨大的破坏力量"⑤中产生。可见的、可感的一切存在形态，主要是相互作用的产物，即相互作用是这些存在形态的终极原因。

从本质上看，相互作用既是一种"双向互动"，也是一种"独特关系"。

---

① 廖申白.伦理学概论[M].北京：北京师范大学出版社，2009:427.
② 埃德加·莫兰.方法：天然之天性[M].吴泓缈，冯学俊，译.北京：北京大学出版社，2002:31.
③ 埃德加·莫兰.方法：天然之天性[M].吴泓缈，冯学俊，译.北京：北京大学出版社，2002:28.
④ 埃德加·莫兰.方法：天然之天性[M].吴泓缈，冯学俊，译.北京：北京大学出版社，2002:29.
⑤ 埃德加·莫兰.复杂性理论与教育问题[M].陈一壮，译.北京：北京大学出版社，2004:144.

相互作用、双向互动、独特关系具有同质性,三者在特定的语境下可以"等量代换"。按照马克思主义关于"相互作用是事物真正的终极原因"的论断,可以说"关系是事物真正的终极原因"。事实也表明,关系"合生万物",是"万物之所从生"的原因;关系法则构成万物的"自然法则";而电子、质子和中子经由关系(或相互作用)而构成万物的"孕生基础"。

1.高等教育由各种关系合生并由高等教育关系发动、牵引、维持和再生

高等教育是人类社会发展到一定阶段的伟大产物,而特定时空背景下各种关系或力量的彼此联合,是高等教育之所以产生的"存在原因"或"生发依据"。回到生发点上看,高等教育的孕育、诞生、存在和发展,是多重关系交织的产物,关乎政治、经济、文化、科学、知识等多重力量的相互作用、相互干预、相互反馈和相互叠加。高等教育不能只是被设想为纯粹政治发展的产物,或纯粹经济发展的产物,或纯粹文化发展的产物,或纯粹科学发展的产物,或纯粹知识发展的产物,甚或其他任何单一因素的产物,而应当被设想为政治、经济、文化、科学、知识等各种力量的"合生物"或"整生物",亦即由特定的、复杂的高等教育关系整体生成的产物。从高等教育本身看,高等教育要素之间的相互作用产生了高等教育,而高等教育又反过来作用于各高等教育要素;高等教育与各高等教育要素相互支持、相互滋养和相互连接。这正是教育内外部关系规律的核心要义之一。

高等教育关系包括高等教育内部关系、高等教育外部关系和高等教育内外部关系之间的关系。其中,高等教育内部关系决定"高等教育为何是高等教育",高等教育外部关系影响"高等教育如何作为高等教育",高等教育内外部关系双向互动而规约"高等教育的发展趋势"。具体而言,高等教育内部关系生发高等教育结构,高等教育结构决定并呈现高等教育本质;高等教育外部关系制约高等教育的运行发展,影响高等教育对象的存在样态,释放高等教育的社会功能;高等教育内部关系制约高等教育外部关系,高等教育外部关系影响高等教育内部关系,二者联合而规约高等教育的发展趋势。这符合"关系生发结构、结构呈现本质、本质发散属性、属性显示特征、特征指向功能、功能生成效应"(袁鼎生)的本体论和认识论逻辑,也与教育内外部关系规律的内核一致。

高等教育关系与高等教育伴生同出,对高等教育具有发动、牵引、维持和再生作用。高等教育总是由高等教育关系发动,表现在没有网络态的高等教育关系,就没有高等教育的存在、发展和再生。高等教育总是由高等教育关系牵引,表现为当高等教育关系发生变易,或高等教育关系的序列被重组或改变时,高等教育也将随之改变。高等教育总是由高等教育关系维持,一方面表现在高等教育关系一旦混乱或失去了秩序,高等教育也必将陷入无序;另一方面表现在高等教育关系一旦不复存在,高等教育也将随之消亡。高等教育还在高等教育关系中"再生",而这种再生又是高等教育关系之再生所必须的。高等教育经由高等教育关系的发动、牵引、维持和再生,逐渐从一元到多元,从简单到复杂,从无序到有序……不断催生和激活高等教育的量变、序变和质变,实现从一种高等教育形态到另一种高等教育形态的相变,演化出当今世界高等教育的绚丽多彩,再生出新的高等教育关系和高等教育生态,彰显了高等教育的整体生发趋向,再现了宇宙万物生成演化的生态规律。

总而言之,作为一种发动、牵引、维持和再生高等教育的力量,高等教育关系可谓高等教育的"动力源""引擎器"和"方向盘",是发动、牵引、维持和再生高等教育的关键力量,是改造、重构、创新高等教育的根本点、切入点、着力点和支撑点。高等教育与高等教育关系交互作用,合生高等教育生态,高等教育生态再反作用于高等教育和高等教育关系,如此循环反复、周行不殆。

2.高等教育经由高等教育关系而整体生发

高等教育关系潜含高等教育发展的条件、动力、过程、机制和结果。千丝万缕的高等教育内外部关系,层层嵌套、环环相接、协同互动和环回对话,逐渐演化出结构优化与功能耦合的高等教育系统,为高等教育现代化提供条件性基础和根本性支撑。这种层层嵌套、环环相接、协同互动和环回对话,涉及高等教育的成分与成分、层次与层次、类型与类型、个别成分与整体、所有成分与整体、个别层次与整体、所有层次与整体、个别类型与整体、所有类型与整体,以及整体和一切成分、层次、类型。除此之外,还包括高等教育系统与其他外部系统或系统群的层层嵌套、环环相接、协同互动和环回对话,形成多类型、多层次、多形式的功能耦合系统:一是高等教育系统"与社会的其他子系统如经济系统、政治系统、文化系统以及各种因素如人口、资源、地理、生态、民族、宗教等形成功能耦合系统";二是高等教育系统"还促进社会的其他子系统如经济系统、政治系统、文化系统以及各种因素如人口、资源、地理、生态、民族、宗教等形成功能耦合关系"①。这是发达的高等教育系统的特质,也是高等教育现代化的彼岸,还是"高等教育强国整体生成"②的条件。

高等教育好似一台巨型的复合的生命机器,由一系列相互作用相互啮合、相互驱动、相互反馈的小机器构成,唯有这些小机器之间达成结构优化与功能耦合,才能产生这台巨型复合式机器的"整体生命涌现"。同时,人与社会也存在层层嵌套、环环相接、协同互动和环回对话关系,二者的多样化需要联合在一起,相互驱动、相互反馈,相互作用又相互反作用,不断重组或再生高等教育和高等教育关系;而新的高等教育和高等教育关系又从新的起点出发,加入新的层层嵌套、环环相接、协同互动和环回对话,造就具有新的时空特征的高等教育。

与高等教育的复杂性相契合,高等教育关系多元而异质,我们可以从高等教育总体关系、高等教育基本关系、高等教育特殊关系三个层次来加以考察。其中,高等教育基本关系、高等教育特殊关系,又分别需要从不同类型的高等教育关系中去考察。基于高等教育的基本功能和特殊性,高等教育与人的发展的关系、高等教育与社会发展的关系、高等教育与高深知识的关系,是最为首要、最为基本的高等教育关系,三者可谓"高等教育基本关系"③。过去,我们对高等教育与高深知识之间的"层层嵌套、环环相接、协同互动和环回对话"重视不够,这在一定程度上限制和阻碍了我们对高等教育特殊性的理解和把握,并进而影响了对高等教育现代化建设路径的选择。鉴于"高等教育的关系属性"④,也鉴于"一部高等教育史可谓一部高等教育

---

① 李枭鹰,袁开源,唐德海.教育内外部关系规律的间性思想及其理论价值[J].江苏高教,2021(1):1-6.
② 李枭鹰.论高等教育强国的整体生成[J].江苏高教,2019(9):8-14.
③ 张德祥.高等教育基本关系与高等教育学体系建设[J].高等教育研究,2020(10):46-54.
④ 李枭鹰.论高等教育的关系属性[J].教育研究,2014(9):33-38,46.

关系史",高等教育现代化建设应当且须立足于"高等教育与高深知识、人的发展、社会发展之间的关系"。从根源上看,没有人的发展需要的诉求,没有社会发展需要的刺激,没有高深知识的储备,就不可能有高等教育的孕育、诞生、存在和发展;人、社会、高深知识的相互作用、相互干预、相互反馈,为高等教育的孕育、诞生、存在和发展提供了原动力——人、社会、高深知识的互动是高等教育生成之源,而人、社会、高深知识又存在自身的生成之源,这个生成之源,同样源自多重力量的叠加或多种相互作用的联合。

总之,人、社会、高深知识皆是一种"整体涌现",三者之间的双向互动、动态平衡、辩证耦合、不和生和、无序长序、循环反馈、环回对话,构成了高等教育的"基本关系",孕生了高等教育的"基本形态",推进了高等教育的"生成演化",成就了高等教育关系对高等教育的"整体生成意义",彰显了高等教育关系对高等教育的"系统发展价值"。

（二）高等教育关系作为一种"存在范型"而存在

事物与关系具有内在的同质性和相互规约性,即"事物是关系的事物,关系是事物的关系"①,关系与事物互为"存在范型"。以系统形态而存在的一切事物,总是表现为某种"结构性存在"或"关系性存在",即不同的事物具有不同的"结构关系"和"关系结构",并呈现为不同的"结构关系"和"关系结构"。作为一种"关系性存在"或"结构性存在",事物不是一系列成分、状态、事件、反应等的随意拼盘、机械组合和简单相加,而是一系列成分、状态、事件、反应等的有序排列、内在关联和耦合互动,是一系列成分、状态、事件、反应等相互作用的"整体涌现"。

1.高等教育是一种关系性存在

作为一种独特而复杂的关系系统,高等教育乃是由内在关联的不同成分共同生成的集体单位(非基本单位)或有机体,是一系列高等教育关系结构化的"关系性存在"。高等学校作为一种可见的、可感的、可经验的高等教育载体、机构和平台,直观地呈现了高等教育作为一种"关系性存在"的基本特征。作为一种复杂的关系性存在,高等教育由不同类型的高等教育关联

---

① 李枭鹰.高等教育关系论[M].北京:中国社会科学出版社,2017:12.

而成,也由不同层次的高等教育关联而成,呈现出"类中有层,层中有类,类中有类,层中有层,类层交织"①的立体化网络样态,不同类型或不同层次的高等教育,又由多元的教育者、教育影响或教育中介、受教育者关联而成,演绎着教育者、教育影响或教育中介、受教育者的相互作用,以及高等教育的新陈代谢和重组再生。

遍观当今中国高等教育,主要包括普通高等教育、职业高等教育和成人高等教育三大类型,而且不同类型的高等教育,又涵盖不同层次的高等教育,如普通高等教育包括专科教育、本科教育和研究生教育三个层次,而研究生教育又细分为硕士研究生教育、博士研究生教育两个层次。不仅如此,不同层次的高等教育,还涵盖不同类型的高等教育,如研究生教育又分学术型研究生教育、专业型研究生教育两种类型。不同类型或层次的高等教育,还在学科或专业上分门别类和分级分层。在此基础上,整个高等教育表征为一种立体的、动态的、网状的"关系系统",呈现出别具一格的"系统现象"和"关系现象",即系统之中有系统、系统之外有系统,关系之中有关系、关系之外有关系,关系与系统你中有我、我中有你。

不同类型或层次的高等教育,以不同的高等教育关系而存在、呈现、演化和发展,各有独立性或特殊性,各有不可代替性,各有不可或缺性,各有存在的疆域,各有活动的边界,各有肩负的使命,各自在共域中相互区分、各司其职、各行其道,由此彰显各自的特殊性和独有价值。这是高等教育的多样性,也是高等教育的生态性。不同类型或层次的高等教育,位居不同的高等教育生态位,获取不同的高等教育资源,承担不同的高等教育使命,遵循不同的高等教育规律,培养不同的高等教育人才,释放不同的高等教育价值,满足不同的高等教育需要,形成不同的高等教育竞争力。不同类型或层次的高等教育,相互作用、相互影响、相互制约、相互反馈,共成内在关联的高等教育系统。

综上所述,不同类型或层次的高等教育,必须协调发展、互助合作、环回

---

① 李枭鹰.高等教育强国建设需要什么样的高等教育结构[J].高等教育研究,2019(5):21-23,19.

对话,形成关联、和谐、耦合的高等教育整体,否则,这些不同类型或层次的高等教育就很可能因调度不当,或协调不妥,或合作不足,或对话不畅,造成不可计量的高等教育内耗或折损。因此,高等教育现代化建设或高等教育强国建设,必须遵循高等教育生态规律,营造良好的高等教育生态关系,形成合理的高等教育生态格局。

2.高等教育与高等教育关系伴生同出

高等教育是高等教育关系的高等教育,高等教育关系是高等教育的关系,二者相互共生、相互寄生、相互利用、相辅相成,在对生对长、循环反馈和环回对话中,形成"被生产者和被生成者变成了它的生产者或生成者的生产者和生成者"①的生态格局,即高等教育与高等教育关系互为生成之因和生成之果:一方既是对方的生产者和生成者,也是对方的被生产者和被生成者。易言之,高等教育与高等教育关系相伴相生,"同出而异名",相互规约和相互定义;高等教育与高等教育关系浑然一体,"你中有我,我中有你",相互依存、共生对长、同旋共转、整体生成;没有高等教育的存在,就没有高等教育关系的存在,反之,离开了高等教育关系,尤其是高等教育内部关系,高等教育就不能成其为高等教育,而离开了高等教育外部关系,高等教育就是社会中的一座"孤岛",将因物质流、能量流、信息流等的截断而"枯死"。

高等教育与高等教育关系相互孕生,二者在系统中"形影相随"。这集中表现为:高等教育的生成,必定伴随着高等教育关系的生成;新样态的高等教育一旦生成,也必然同时生成新样态的高等教育关系;高等教育在改变内部关系的同时,也在改变高等教育自身,还在改变与其相互作用的外部关系;高等教育的生成过程,是高等教育内外部关系的生成过程,也是高等教育内外部关系的变化过程。② 在此意义下说,一部高等教育史就是一部高等教育关系的持续演变,一部高等教育内外部关系的互动发展史,一部高等教育与高等教育关系的相互规约史,一部高等教育与高等教育关系共生的生态演化史。

---

① 埃德加·莫兰.方法:思想观念[M].秦海鹰,译.北京:北京大学出版社,2002:7.
② 李枭鹰.高等教育内外部关系规律的元研究[J].中国高教研究,2016(11):12-17.

3.高等教育与高等教育关系相互规定

高等教育是一个"关系集合体"或"关系系统",这意味着立足于高等教育关系去揭示高等教育本质,是可取的、可行的和必要的选择。从理论上看,高等教育关系可以是无限数量的,即可以存在无数对或不可数的高等教育关系。每对或少数几对高等教育关系的相互规定,只是揭示高等教育的"某一重本质"或"局部本质",这些"某一重本质"或"局部本质"的叠加,从不同侧面或层面共同揭示了高等教育的"整体本质"或"复合本质"。① 一言以蔽之,"高等教育"是在关系中整体生成的整体,"高等教育本质"也是在关系中整体生成的整体;高等教育是一种关系性存在,高等教育关系作为一种"关系范型"而存在。

高等教育关系生成高等教育本质,规约高等教育本质,发展高等教育本质,升华高等教育本质,呈现高等教育本质。但是,这并不意味着,一切高等教育关系的变化都会必然地引发高等教育"整体本质"的变化,有些高等教育关系的变化只是改变高等教育的"局部本质",不会改变高等教育的"整体本质"。自高等教育诞生以来,高等教育关系一直在变化,诸如高等教育的类型、层次、形式、属性、功能、价值、内容等一直在演变,而高等教育依然是高等教育,没有变成其他事物,是因为这种或这些高等教育关系变化,只改变了高等教育的"局部本质",只是引发了高等教育的量变和序变,没有引发高等教育的质变。

高等教育本质是相对稳定的,但也并非"铁板一块"、永恒不易、万世不更。列宁认为,"不独现象是短暂的、运动的、流逝的、只是被条件的界限所划分的,而且事物的本质也是如此"②。如同宇宙中一切存在形态都是生成的、可变的一样,高等教育本质也是生成的和可变的,只是这种本质性的变化需要特殊的时空条件。

4.高等教育规律实为特殊的高等教育关系规律

按照"规律就是关系……本质的关系或本质之间的关系"③的说法,我

---

① 李枭鹰.高等教育关系论[M].北京:中国社会科学出版社,2017:79-80.
② 列宁.黑格尔"哲学史讲义"一书摘要[M].北京:人民出版社,1955:8.
③ 列宁.哲学笔记[M].北京:人民出版社,1974:161.

们或可以将高等教育规律界定为"本质的或本质之间的高等教育关系"。这意味着,高等教育规律实为高等教育关系规律,而"教育内外部关系规律"①,是最基本的高等教育规律。结合前文所述的关于"关系、互动、相互作用具有同质性"的论断,我们又可进而得出"高等教育关系规律实乃高等教育互动规律"的推论。由此推知,无论是考察高等教育,还是探寻高等教育规律,都有必要重视并聚焦于"高等教育内部各要素之间的互动、各高等教育子系统之间的互动、各高等教育类型之间的互动、各高等教育层次之间的互动、高等教育的部分与整体之间的互动以及高等教育与环境之间的互动,由此而揭示高等教育内外部关系规律以及高等教育内外部关系的互动规律"②,进而建立由高等教育总体规律、高等教育一般规律和高等教育特殊规律构成的高等教育规律体系。

高等教育关系规律是谱系性、系统性和生态性的,存在着不同类型、不同层次的高等教育关系规律。如前所述,高等教育与人的发展的关系规律、高等教育与社会发展的关系规律最为基本,亦即"教育内外部关系规律"。鉴于"高等教育与高深知识的关系是一种高等教育基本关系"③,也鉴于"高深知识是理解高等教育的一把钥匙"④,"高等教育与高深知识的关系规律"也具有高等教育基本关系规律的品性和特质,可以将其纳入高等教育内部关系规律的范畴。除了高等教育基本关系规律,高等教育规律还存在作为本质的或本质之间的高等教育总体关系的"高等教育总体规律",即贯串于高等教育系统的所有要素、所有类型以及"所有层次以及层次间跃迁、转化或变换的共同规律"⑤,以及本质的或本质之间的高等教育特殊关系的"高等教育特殊规律",即针对高等教育系统的具体要素、具体类型、具体层次抑或是具体领域的个别规律。这就意味着,高等教育规律体系至少涵盖高等

① 潘懋元.新编高等教育学[M].北京:北京师范大学出版社,1996:12.
② 李枭鹰.教育内外部关系规律的提出、对话和源流[J].厦门大学学报(哲学社会科学版),2020(5):48-53.
③ 张德祥.高等教育基本关系与高等教育学体系建设[J].高等教育研究,2020(10):46-54.
④ 张德祥.高深知识是理解高等教育的一把钥匙[J].高等教育研究,2015(12):22-23.
⑤ 李枭鹰,齐小鹍.生成整体论视域中的一流学科建设[J].学位与研究生教育,2019(12):25-29.

教育总体规律、高等教育一般规律和高等教育特殊规律三个层次的规律或规律群。从规律谱系来看,高等教育特殊规律"分有"了高等教育一般规律的本质规定性,高等教育一般规律"分有"了高等教育总体规律的本质规定性,三者层层相连、相互规约、协同互动和环回对话,共成谱系性的高等教育规律体系,呈现出高等教育特殊规律、高等教育一般规律、高等教育总体规律逐级上升的"金字塔"结构特征,处于金字塔顶端的高等教育总体规律,统摄、规约和支配高等教育一般规律和高等教育特殊规律。

高等教育是分类分层的,高等教育关系、高等教育关系规律也存在与之相应的分类分层,高等教育规律体系因此而具有上下贯通性、类层交织性、纵横交错性和相互规约性。马克思主义认为,人类认识遵循"从具体到抽象,从抽象回到具体,再从具体到抽象"的大循环。高等教育总体规律、高等教育一般规律和高等教育特殊规律的生发,遵循并体现了具体与抽象的环回对话,符合唯物主义的"认识论大循环":高等教育特殊规律经由"从具体到抽象"而聚形为高等教育一般规律,高等教育一般规律经由"从具体到抽象"而聚形为高等教育总体规律;与之相反,高等教育总体规律经由"从抽象到具体"而分形为高等教育一般规律,高等教育一般规律经由"从抽象到具体"而分形为高等教育特殊规律。这种具体与抽象、聚形与分形的环回对话,不仅蕴含着构筑谱系性高等教育规律体系的思维原则,而且蕴含着构建谱系性高等教育学学科体系、学术体系和话语体系的思维原则。

(三)高等教育关系作为一种"存在场域"而存在

一切事物既以"个体的形式"而存在,同时又以"与其他个体共成群体的形式"而存在,即一事物总是相对独立地存在着,同时又总是关联着另一事物。用埃德加·莫兰的话说,"事物不仅仅是事物,而且是连接不同部分形成一个统一体的系统;没有封闭的物体,只有与其环境不可分割地相连的实体……"①从过程哲学或机体哲学的立场审视,各种事物在关联中"相互摄受"而成为一个有机整体,整个生态圈"可以被视为'摄受统一体的综合',而成为一个扩张性的发展过程;它必然地从一个摄受体过渡到另一摄

---

① 埃德加·莫兰.复杂性理论与教育问题[M].陈一壮,译.北京:北京大学出版社,2004:165.

受体,而使过去、现在、未来形成动态的辩证关系;它本身又是一个进化过程的结构——实在即是历程"①。从广义上说,事物在关系中"自成系统",又在关系中"互成系统"②,还在关系中"生成演化"。这赋予了关系以"场域性",也赋予了场域以"关系性",即"一个场域可以被定义为在各种位置之间存在的客观关系的一个网络(network),或一个形构(configuration)"③,还赋予了关系与场域的"同质性"。

事物一方面因关系而生发并作为关系而存在,另一方面也因关系而联结成一个"关系共同体"并处在关系之中。牛顿的万有引力定律洞明了事物之间相互作用的普遍性和规律性,揭示了事物之间关系的客观性和必然性,澄清了不同事物互为环境的状态和事实,预判了"任何局部的震动都会动摇整个宇宙"④的可能与风险。鉴于此,我们需要学会在宏大背景中去考察对象,参透"我们作为自身而存在时,不仅是我们自身而已"以及"事物的细节必须放在整个事物的系统中一起观察,才能见其本来面目"⑤。对于高等教育的考察也不例外。高等教育在高等教育关系中,被高等教育关系包围。高等教育关系作为高等教育的"存在场域",既是高等教育研究的"直接对象",也是考察高等教育的"宏大背景"。

1.高等教育生发于高等教育关系

事物存在于时空之内,时空映照事物;事物在关系中,关系包围事物;事物、时空、关系在关联中生成、存在和呈现。空间与时间内在关联,也存在各自的规定性:"空间的本身则视为由无始而来,向无终而去,永存无变。由无限而来,向无限而去,纯一无杂。"⑥相对于空间,时间可谓"由有始而来,向无终而去,永无常驻。由有限而来,向无限而去,与世推移"。空间无始,时间则有始,因而有历史,霍金即写过一部《时间简史》。时空是万物存在的场

---

①　怀特海.科学与现代世界[M].傅佩荣,译.上海:上海人民出版社,2019:4(译序).
②　李枭鹰.高等教育内外部关系规律的元研究[J].中国高教研究,2016(11):12-17.
③　皮埃尔·布迪厄,华康德.实践与反思——反思社会学导引[M].李猛,李康,译.北京:中央编译出版社,1998:133-134.
④　怀特海.思维方式[M].刘放桐,译.北京:商务印书馆,2004:122.
⑤　怀特海.科学与现代世界[M].傅佩荣,译.上海:上海人民出版社,2019:24-25.
⑥　怀特海.自然与生命[M].傅统先,译.台北:台湾商务印书馆,1952:2-3.

域，一切事物在时空中孕育、诞生、存在和发展，同时又受制于时空，并随时空一起流变，无物常驻。这是宇宙万事万物的普遍规律。

作为"存在场域"的高等教育关系，是高等教育活动的"直接时空"，集中表现为高等教育在高等教育关系中存在、发展和重生，特别是在与自然、人和社会的循环互动或环回对话中更新和演化。首先，人从自然而来，流转于社会，超归于自然，并在此过程中依凭高等教育绽放自身的生命价值。其次，高等教育从人而来，向人而去，与人同转，两者通过相互成就而实现整体发展。最后，高等教育孕生于社会，依存于社会，栖息于社会，作用于社会，两者在相互反馈中互生共长。由此，高等教育、自然、人、社会在关联互动中成为特殊的"关系共同体"，而且彼此之间的关系好似生生不息的"生命之流"，随时空流变而流变。历史与现实双双表明，一切高等教育都是特定时空的高等教育，不存在抽象的、超时空的高等教育，脱离高等教育时空背景或高等教育关系场，筹谋高等教育现代化或高等教育强国建设，只能通往虚构、虚假或徒有虚名的"高等教育乌托邦"。

2.高等教育存在于高等教育关系

高等教育在高等教育关系中，高等教育关系因此作为高等教育的生境或处境而存在。高等教育生在高等教育关系之中，长在高等教育关系之内，并与高等教育关系相互作用、相互反作用、相互反馈、互动发展，合生、重构和再生高等教育生态。作为"生命"的高等教育，与作为"生境"的高等教育关系，在协同互动中对生对长，在相互适应中共生寄生，在动态平衡中互成互塑，同时合生、重构和再生高等教育生态，形成新的高等教育生态关系。这是一种"高等教育—高等教育关系—高等教育生态"的再组织，是一种高等教育"生态生发图式"，与高等教育外部关系规律内在一致，与"生态是生命体与环境互动的关系"①紧密契合，与"机体不仅具备交互作用，而且能够选择目的、协调发展；对于周遭的环境，机体可以适应，而且能够创造新的生机"②高度吻合，隐藏着高等教育现代化或高等教育强国建设的内在规律与

---

① 郑师章,吴千红,王海波,等.普通生态学——原理、方法和应用[M].上海:复旦大学出版社,1994:1.

② 怀特海.科学与现代世界[M].傅佩荣,译.上海:上海人民出版社,2019:4(译序).

行动框架。

高等教育具有时空性,特定时空的高等教育总是身处特定时空的高等教育关系之中,肩负特定的高等教育责任与使命,兑现特定的高等教育目标与承诺。这就要求高等教育必须承前启后、联系实际、面向未来,我们不能总是拿"过去的方式"来教育"现在的学生",否则,必将折损"学生的现在",戕害"学生的未来"。为迎接充满不确定性的未来及其挑战,高等教育应着重发展学生的若干核心能力,诸如"学习能力、自我发展能力、问题解决能力、批判性思维能力、创造性能力、团队合作和协作能力、信息技术应用能力"①。每一种核心能力都至关重要,都需要根基于一系列条件和基础。例言之,"创造力要求一个人在一个领域有着深厚的技术专业知识的同时,还要在其他领域具有广博的知识。创造力取决于一个人能否以新方式将不相关的基本要素结合在一起,并在很大程度上依赖于一个人的整合能力,换句话说,就是能够看到别人看不到的内在格局"②。可以说,创造力是知识、想象力、心智模式等多个变量的"复合函数"和"整体涌现",教育要为此奠基、铺路和引航。

总之,高等教育关系作为高等教育的"存在场域",是高等教育安身立命的居所和高等教育诗意栖居的生境;改善高等教育关系,改良高等教育生境,优化高等教育生态,是高等教育现代化建设或高等教育强国建设的必由之路和应然选择。

3.高等教育受制于高等教育关系

高等教育是开放的关系系统,这决定了其受制于外部环境的必然性及与外部环境互动发展的必要性。从根本上看,"一个与环境没有任何交换的封闭系统不可能出现自组织行为,对环境开放即与外界进行物质、能量、信息交换的系统才能产生自组织运动"③。作为开放的关系系统,高等教育既在高等教育关系中"自成系统",又在高等教育关系中与其他系统"互成系

---

①　薇薇恩·斯图尔特.面向未来的世界级教育:国际一流教育体系的卓越创新[M].张煜,李雨英子,张浩然,译.杭州:浙江人民出版社,2017:159-160.

②　薇薇恩·斯图尔特.面向未来的世界级教育:国际一流教育体系的卓越创新[M].张煜,李雨英子,张浩然,译.杭州:浙江人民出版社,2017:159-160.

③　么加利.走向复杂——教育视角的转换[M].重庆:西南师范大学出版社,2002:6-7.

统"，还在高等教育关系中"生成演化"。这意味着高等教育"既是自主的又是依赖的"①，既可以"自生秩序"又难逃"社会干预"。对此，我们可从大学的演变史中窥见一斑：从整体看，大学伴随时空流变，结构从简单到复杂，功能从一元到多元，系统从无序到有序；从局部看，大学理念从理想本位到视野多元，大学制度从松散到规范，大学教育政策从静态到动态，大学学科从单科到多科或综合，大学课程从古典人文到科学实用再到科学与人文融合，大学教学方式从传统经院到开放合作……而这种种变化绝非单纯"自主发展"或"自生秩序"的结果，而是大学自我选择与社会干预共同作用的产物。事实上，不惟大学如此，"每一个社会都得寻找一个独特的、与其社会文化相适应的方式，将自由市场与集体长期计划机制结合起来，以达到丰厚的收益与自由及多样化的最完美结合"②。

正如前文所述，时空性是高等教育的基本特性，这昭示着特定的高等教育总是处在特定的高等教育生境中，总是要与其高等教育生境发生这样或那样的互动，尤其要受社会环境的影响并对社会环境起作用。就生命体与处境的生态关系而言，"远景、背景、环境、生境虽然都是生命的处境，但生命的足迹所能抵达的只能是生境，生命的身体所能在其间运转的也只能是生境"③。高等教育关系作为一种生境，对高等教育的影响是直接的和显著的，但我们不能忽视高等教育之环境、背景、远景的"处境性影响"。

高等教育的生境不是一成不变的，其边界或范围会因时空条件的变化而变化，抑或说，在不同的时空背景下，高等教育有着不同的活动半径或抵达范围。譬如，在信息互联共享和经济全球化时代，高等教育的生境可以大到整个地球生态圈，其间蕴含着环境、背景、远景向生境的转变，我们可称之为"环境、背景、远景的生境式转变"。从该意义上讲，高等教育全球化或高等教育国际化是一个高等教育生境不断扩展的过程，也是一个高等教育足迹抵达范围不断延拓的过程，还是一个高等教育的环境、背景、远景向生境

① 埃德加·莫兰.复杂思想：自觉的科学[M].陈一壮，译.北京：北京大学出版社，2001：236.
② 欧文·拉兹洛.人类的内在限度：对当今价值、文化和政治的异端的反思[M].黄觉，闵家胤，译.北京：社会科学文献出版社，2004：22-23.
③ 袁鼎生.生态是生命与处境对发同出的绿活存在[J].鄱阳湖学刊，2021(1)：90-97，127.

转变的过程。面对经济全球化的挑战和高等教育国际化的诉求,我们需要一种由下至上、由前到后、由近及远的时空观,既要有"自山下而仰山巅"的高远,又要有"自山前而窥山后"的深远,还要有"自近山而望远山"的平远。

高等教育生境是高等教育的一把"双刃剑"。良好的生境会促进或改善高等教育的发展,恶劣的生境会阻碍或破坏高等教育的发展。高等教育生境是复杂的、动态的、发展的,涉及政治、经济、文化、科技、民族、宗教、资源、人口、地理以及高等教育理念、思想、制度、政策等多种变量,这些变量以其特有的方式,以及彼此非线性的叠加,或促进或延阻高等教育的发展。

第七讲
高等教育学元范畴与高等教育学体系建设

高等教育学体系建设到底从哪里出发？这是一个见仁见智的话题。过去，受教育学逻辑起点研究的启发，高等教育学界试图从逻辑起点出发构建高等教育学体系，但结果不尽如人意。最大的困难在于，找寻"一个最简单、最抽象的规定"[①]作为高等教育学的逻辑起点几无可能，因为最简单、最抽象没有边界，即不知何时才是最简单、最抽象的尽头。对此，我们一方面主张将逻辑起点看成"一个假定"[②]，而这个假定与简单或抽象与否并不存在必然联系；另一方面，主张用"有规定性的元范畴"代替"无规定性的逻辑起点"，并将元范畴理解为"范畴体系中的总结性范畴和生发性范畴"或"范畴体系中思维或认识的回归点和元点"，同时认为"元范畴具有相对抽象性和相对简单性"，而且"每一个特定的范畴体系拥有自身个性化的元范畴"。也就是说，对于任何学科而言，元范畴具有主观性、总结性、元点性、相对性、多元性、时空性和流变性。

高等教育是一种"关系系统"，是一种"关系集合体"，是一种复杂的"关系性存在"。这意味着高等教育与高等教育关系存在"相互规定性"。在该意义上，作为高等教育最本质的规定，作为高等教育的认识论起点，作为高等教育学的考察对象，"高等教育关系"具有"高等教育学元范畴"[③]的品性，蕴含着统摄高等教育学话语体系、规约高等教育学学术体系、生发高等教育学学科体系以及陶铸谱系性、整体性、系统性的高等教育学体系的潜质潜

[①] 瞿葆奎,郑金洲.教育学逻辑起点:昨天的观点与今天的认识(一)[J].上海教育科研,1998(3):2-9.

[②] 李枭鹰,陈武元.高等教育学逻辑起点研究的"四个反思"[J].江苏高教,2021(12):16-23.

[③] 李枭鹰.高等教育学元范畴的探寻与确证[J].中国高等教育评论,2020(2):27-38.

能。这意味着,从高等教育关系出发,遵循"从具体到抽象,再从抽象到具体,又从具体到抽象"之周而复始的"认识论大循环",构建高等教育学的学科体系、学术体系和话语体系,实属一种可为、当为和有为的范式。本文将聚焦于阐明高等教育学元范畴与高等教育学话语体系、学术体系和学科体系的内在关系,希冀对高等教育学三大体系建设有所启迪和裨益。

一、高等教育学元范畴与高等教育学话语体系

正如前文所述,范畴是一个"反映事物本质和普遍联系的基本概念"[①]。在特定或具体的范畴体系(或范畴链或范畴团或范畴群)中,元范畴具有最高水平的"普遍联系性"和"相对抽象性",内含整个范畴体系的"本质规定性"。也就是说,元范畴蕴含着具体的范畴体系的全部信息或本质规定性,这如同人的每个细胞都蕴含着整个人的遗传信息。亦即说,就某个具体的范畴体系而言,元范畴具有全息性,实乃该范畴体系的"生成元",具有生发该范畴体系的"全部可能性"。

(一)元范畴、范畴体系和话语体系

元范畴、范畴体系和话语体系是螺旋相依的,三者经由范畴运动而形成相互关联的有机整体。其中,抽象与具体、聚形与分形,是最基本的、最普遍的、对立统一的范畴运动形式。元范畴、范畴体系和话语体系之间的运动发展集中表现为:范畴体系既分形于元范畴,又聚形为元范畴,亦即元范畴从范畴体系而来,向范畴体系而去,与范畴体系相互孕生;话语体系根基于范畴体系,连接范畴体系,同时还运载范畴体系;元范畴、范畴体系和话语体系在系统关联中整体生成。综而观之,元范畴、范畴体系和话语体系三者之间,存在一种生成与被生成、再生与被再生的"两重性逻辑",彼此环回对话、耦合互动和协同发展,形成具有"超循环性"和"再生性"的有机体。

1.话语体系与范畴体系螺旋相依

作为一个范畴或概念,"话语"最早见于语言学,主要是指"言语交际中

---

① 辞海[M].上海:上海辞书出版社,2009:982.

运用语言成分建构而成的具有传递信息效用的言语作品"①,后被引申或拓展至社会学领域,继而被诸多学科广泛征用,衍生出多元的取义和不同的所指。在今天的社会学语境下,话语主要被视为"一种基于某些共享假设的特定言说和思考方式,(可以)影响和形塑人们对某个话题的理解和行动"②。这种取义迁移到高等教育学领域,我们可以将其理解为"高等教育学的特定言说和思考方式",亦即说,高等教育学话语体系主要表征为高等教育学的特定言说和思考方式。

学科知识与学科话语体系是共生共塑的,集中表现为"任何学科知识最终都是运用语言,以概念、命题或陈述的方式呈现出来"③。作为某种分门别类的知识,每一个学科皆有自身的"特定言说和思考方式",凭此而影响和形塑人们对该学科领域各种话题的"理解和行动",进而规训或规约该学科之学术共同体的"特定言说和思考方式"。每一种学科话语体系都具有自己的个性,即作为专门化、结构化、逻辑化和系统化的学科话语,任何学科话语体系都具有特定言说的"学科语境性"和思考方式的"相对独特性"。每一个学科都依凭自身独特的话语体系,言说、表达、呈现自己独特的知识、原理、思维和方法,形成自身与众不同的话语标签、理解范式和对话条件。

每一个学科的话语体系总是内在地关联着该学科的思想、观点、主张、论断、方法、命题、概念、范畴、术语等,这在各学科领域显而易见。诸如,欧几里得的《几何原理》囊括并呈现了平面几何基础、几何代数的基本原理、与圆有关的平面几何、与圆有关的直线图形的作法、比例、相似图形、初等数学、连比例、数论的应用、物理量、简单立体几何、立体几何中的比例问题、正多面体13卷内容,而且每卷内容又包括一系列定义、公设、定理、推论、命题等,它们又依凭相应的范畴或概念来诠释、表达和呈现,诸如"平面几何基础"的定义栏,诠释了点、线、直线、面、平面、平面角、平角、直角与垂线、钝

---

① 辞海[M].上海:上海辞书出版社,2009:1622.
② 安东尼·吉登斯,菲利普·萨顿.社会学基本概念[M].王修晓,译.北京:北京大学出版社,2019:5.
③ 唐莹,瞿葆奎.元理论与元教育学引论[J].华东师范大学学报(教育科学版),1995(1):1-14.

角、锐角、边界、图形、圆、圆心、直径、半圆、三角形、四边形、多边形、正方形、长方形、平行四边形、梯形、平行线等范畴或概念。① 毫无疑问，没有这些范畴或概念为基本要素，为思维工具，为作用杠杆，就无所谓"平面几何基础"，更遑论几何原理了。

不同学科通过不同的概念、范畴、术语、命题、推理和判断，形成个性化、差异化、多样化的话语体系。如果承认"当今世界是一个语言世界"和"语言是存在之家"，那么每一门或每一个学科无疑也是一个特殊的语言世界。事实上，不同学科都是在以自己与众不同的话语体系去表达、呈现、诠释和把握特定的对象世界，文学、哲学、艺术、宗教等无不如此。这种事实告诉我们，要想走进一门学科，就必须先理解、熟悉、掌握该学科的话语体系；建设一门学科，也必须先探索、构建、发展该学科的话语体系。规范而严谨的科学研究，之所以将核心范畴或基本概念的界定作为"第一要务"，实乃为了廓清该研究的立论依据、言说条件、话语背景和思维边界。

2.范畴体系与元范畴螺旋相依

从具体到抽象，再从抽象到具体，又从具体到抽象，如此周而复始，是一种认识论大循环。按照这种认识论大循环，元范畴既处在"从具体到抽象"的终点或总结点上，也处在"从抽象到具体"的起点或生发点上，潜含着"横向铺开、纵向推进、立体裂变、前后相继和辩证回旋"的规定性和可能性。站在终点或总结点上回头望，元范畴吸纳了其各级范畴的本质规定性，在"万物归宗"或"以万生一"中，凝聚了"以一生万"的潜质潜能。立于起点或生发点上向前看，元范畴经由逐级"分有"自身的本质规定性，在"以一生万"中形成谱系性或水系性的范畴体系。在这个谱系性或水系性的范畴体系中，下一级范畴隶属于上一级范畴，既"分有"了上一级范畴的本质规定性，又"统摄"于上一级范畴的本质规定性。元范畴的这种递次立体式"分有"，既确保了范畴体系的统一性和多样性，也确保了话语体系的谱系性、水系性和丰富性。② 随着元范畴向范畴体系的"横向铺开、纵向推进、立体裂变、前

---

① 欧几里得.几何原理[M].李彩菊,译.北京:北京理工大学出版社,2020:1-50.

② 袁鼎生.超循环:生态方法论[M].北京:科学出版社,2010:261-272.

后相继和辩证回旋",范畴体系的类型和层次逐渐增加,话语体系也逐渐丰富和多样,最终形成元范畴、范畴体系、话语体系的内在关联、耦合互动和对生共长。

(二)从高等教育学元范畴到高等教育学话语体系

按照范畴的普遍联系性和本质规定性的差异,我们可以将范畴划分为特殊性范畴、一般性范畴、总体性范畴和元范畴,对应地将高等教育学范畴分为高等教育学特殊性范畴、高等教育学一般性范畴、高等教育学总体性范畴和高等教育学元范畴。照此顺序,由前至后是高等教育学范畴的"聚形"过程,从后往前是高等教育学的"分形"过程;前者"分有"了后者的本质规定性,后者"凝聚"了前者的本质规定性。

从高等教育学元范畴到高等教育学话语体系,实乃一个高等教育学元范畴递次分形的过程,即高等教育学元范畴经过分形,首先生成高等教育学总体性范畴(群),然后生成高等教育学一般性范畴(群),再生成高等教育学特殊性范畴(群),最后生成"亲缘关系"远近不一的各种范畴,进而构成谱系性的高等教育学范畴体系,统摄和支撑相应的高等教育学话语体系,影响和形塑人们对高等教育学领域各种话题的"理解和行动"。这个过程可以形式化为:高等教育学元范畴→高等教育学总体性范畴(群)→高等教育学一般性范畴(群)→高等教育学特殊性范畴(群)→高等教育学范畴体系→高等教育学话语体系。据此而言,高等教育学话语体系与高等教育学范畴体系,在系统关联中相互规约、互动发展、共生共栖,集中表征为高等教育学范畴体系是高等教育学话语体系的要件与支撑,高等教育学话语体系是高等教育学范畴体系的生长与再现。

作为高等教育学的发声系统,高等教育学话语体系支撑、呈现、表达高等教育学的学术体系和学科体系,由此而形成范畴体系、话语体系、学术体系和学科体系四位一体的"高等教育学共生体"。一般而言,高等教育学范畴体系越严密多样,高等教育学话语体系所具有的支撑、呈现和表达功能越强劲突出,高等教育学学术体系的解释力和改造力越到位充足,高等教育学学科体系的底座和骨架越坚实稳固。从这个意义上说,一部高等教育学史可谓一部高等教育学范畴体系、话语体系、学术体系和学科体系的发展史。鉴于"高等教育的关系属性"①,高等教育学的范畴体系、话语体系、学术体系和学科体系总是内在地关联着"高等教育关系",或隐或显地围绕着"高等教育关系"而构建或展开。

二、高等教育学元范畴与高等教育学学术体系

学术体系形成于学术运动,而学术运动集中表征为范畴运动。站在历史的长河中看,学术体系在根本上形成于多样化的范畴运动,譬如抽象、具体、推理、分析、综合、合成、联合、组织、淘汰、选择、合取、析取、蕴含、否定……可以说,无范畴运动就无以成学术,更无以成学术体系。从认识论的视角看,"从具体到抽象,再从抽象到具体,又从具体到抽象,是概念生发与运动的形式,是理论思维的完整过程,是理论体系构建的完整过程"②。

(一)元范畴与学术体系

学术体系根基于范畴运动生成的"范畴结构"或"范畴体系"。正是因为如此,"科学力求使各种概念和概念之间的相互联系以及与感性材料的协调一致具有高度的准确性和明确性"③。没有概念或范畴统领的感性材料永远只是"一盘散沙",永远只是没有主线或灵魂的"材料堆积",进入不了学术体系的殿堂。同样,没有联系的一个个概念或范畴,只是一个个"概念或范畴孤岛",因为没有形成推理、判断和结论,也进入不了学术体系的殿堂。

马克思说过,"在形式上,叙述方法必须与研究方法不同。研究必须充分地占有材料,分析它的内在发展形式,探寻这些形式的内在联系。只有这项工作完成以后,现实的运动才能适当地叙述出来"④。从行程上看,研究方法是从具体到抽象,叙述方法是从抽象到具体,两者在本质上都是一个

---

① 李枭鹰.论高等教育的关系属性[J].教育研究,2014(9):33-38,46.
② 袁鼎生.超循环:生态方法论[M].北京:科学出版社,2010:261.
③ 梁国钊.诺贝尔奖获得者论科学思想、科学方法与科学精神[M].北京:中国科学技术出版社,2001:19.
④ 资本论:第1卷[M].北京:人民出版社,1975:23.

"从简单到复杂"的过程,而前者又是后者的基础,后者是前者的结果。元范畴从生发点出发,经由抽象到具体,逐步分形或分生出谱系性的范畴体系,规约学术体系的总体设计、系统论证和整体架构,属于一种基于"研究"的"叙述"。

理论家一般都有自身理论的元范畴或核心范畴,这对哲学而言尤为典型或突出,诸如泰勒斯的"水",阿拉克西曼德的"无定",阿拉克西美尼的"气",赫拉克利特的"火"或"逻各斯",恩培多克勒的"四根",德谟克利特的"原子",毕达哥拉斯的"数",巴门尼德的"存在",苏格拉底的"善",柏拉图的"理念",亚里士多德的"实体",洛克的"经验",休谟的"怀疑",笛卡尔的"我思",康德的"理性"或"先验自我"或"自在之物",黑格尔的"绝对精神",马克思的"人的解放",叔本华的"生命意志",尼采的"酒神精神",克尔凯郭尔的"孤独",柏格森的"绵延",弗洛伊德的"性本能",维特根斯坦的"语言游戏",胡塞尔的"现象学还原",海德格尔的"此在"或"诗意栖居",萨特的"存在先于本质",加缪的"对抗荒谬",马尔库塞的"单向度的人",哈贝马斯的"交往理性",梅洛-庞蒂的"身体—主体",伽达默尔的"理解"或"视域融合",福柯的"人之死"或"性经验史",德里达的"解构武器",罗尔斯的"正义",波普尔的"证伪",库恩的"范式",凡此种种,不一而足。

由某个或某些元范畴出发,生发范畴体系,形成话语体系,规约学术体系,是理论家建构理论的基本方略,也是理论学科发展的基本范式。譬如,亚里士多德曾提出实体、数量、性质、关系、地点、时间、姿态、状态、动作、遭受十大范畴(其中"实体"是最为基本和最根本的范畴),规约了"形而上学"的总体设计、系统论证和整体架构。康德用先天形式的范畴,诸如量的范畴(包括统一、多样、整体)、质的范畴(包括实在、否定、限制)、关系的范畴(包括实体与属性、原因与结果、作用与反作用)、样式的范畴(包括可能或不可能、存在或非存在、必然或偶然),统摄和整理感性得到的一堆经验,这个过程如同一个将小图拼成大图的过程。又如,系统科学将实体、属性、关系看作考察事物或系统的三大基本范畴。在本体论上,实体决定属性,属性决定关系;在认识论上,实体要通过属性来认识,属性又要通过关系来认识。这就意味着关系是考察事物或系统的认识论起点,关系也因此"作为一个元范畴而存在"①,对作为范畴的"实体""属性"具有统摄意义。从根本上看,一切学科都规避不了对关系的研究,但这并不意味着关系必须是所有学科的元范畴,也并不意味着所有学科的元范畴都必须表述为"某某关系",而只是意味着"关系具有元范畴的统摄性",可以"作为一个元范畴"。事实上,不同学科具有不同的元范畴;即使是同一学科,在不同的历史阶段,在不同的学者那里,也往往具有不同的元范畴。元范畴的这种多元性、多样性和丰富性,意味着任何学科之学术体系的建设,都是多端口、多始点、多路径和多维度的;意味着立足于不同的元范畴可以生发不同的学术体系,这些个性化的学术体系,共成该学科的学术体系;意味着围绕同一"学科对象"可以生发出群落性的学科。

元范畴凝聚了整个范畴体系的本质规定性,吸纳了整个范畴体系的理论精华。因此,经由"以万生一"而形成的元范畴,具有"以一生万"而形成范畴体系及其所支撑的学术体系的潜质潜能。这在科学史上是普遍而显见的。比如,力作为一种元范畴,与运动互联共生,蕴含牛顿力学、天体力学、热力学、电动力学、相对论和量子力学的生发潜质,规约地球物理学、天体物理学、粒子物理学、固体物理学、凝聚态物理学、等离子体物理学、原子核物理学、激光物理学、原子与分子物理学、生物物理学等诸多学科的理论架构,而力学本身又统一了包括理论力学、热力学、电动力学、量子力学等学科在内的物理学,使得物理学成为一门相对成熟而完备的学科,物理学理论也因此成为解释力、改造力、预测力颇为强劲的理论。

与元范畴的形成范式相似,科学史上的伟大理论或学科,也往往吸纳了各种相关理论的精髓,呈现出"集大成性"或"万取一收性"。譬如,作为20世纪最伟大的物理学成就,"爱因斯坦的相对论似乎是我们时代之前人类智慧最伟大的综合成就。相对论集两千多年来数学和物理学知识之大成,从毕达哥拉斯到黎曼的纯几何学,从伽利略到牛顿的力学和天文学,以及法拉第、麦克斯韦及其拥护者研究基础上创立的电磁学,所有这些理论的形式几

---

① 李枭鹰.高等教育关系论[M].北京:中国社会科学出版社,2017:1.

经变化,都充实到了爱因斯坦的理论之中"①。又如,系统科学在历史发展中汇聚了神农、维纳、贝塔朗菲、普里戈金、哈肯、托姆、艾根、洛伦兹等的系统思想,吸纳了控制论、信息论、系统论、耗散结构论、协同学、突变论、超循环论、混沌学等的理论精华,积蓄了强劲的理论力量。② 不难洞见,"以万生一"(聚形或抽象)与"以一生万"(分形或具体)的环回对话,既是范畴运动的完整过程,也是理论思维的完整过程,还是理论体系构建的完整过程。

(二)从高等教育学元范畴到高等教育学学术体系

高等教育学元范畴、高等教育学总体性范畴、高等教育学一般性范畴和高等教育学特殊性范畴,共同构成相互关联的、网络态的、立体的高等教育学范畴体系,进而形成对高等教育学学术体系的总体性、系统性和谱系性规约。在相互关联的、网络态的、立体的高等教育学范畴体系中,不同的范畴之间连接着多样性的"网线",这些网线或长或短、或密或稀、或粗或细,呈现了不同范畴之间关系的差异性,这种差异性既可能是"性质上"的,也可能是"程度上"的,还可能是"性质与程度交织上"的。不同范畴之间的关系,映衬不同的"高等教育对象"之间存在不同性质或程度的关系:或非线性因果关系(如规模、结构、质量、公平、效益之间的关系),或网状反馈关系(如大学、政府、市场之间的关系),或聚力与张力关系(如集权、分权之间的关系),或动态制衡关系(如学术权力、行政权力的关系),或协同发展关系(如学科、专业、课程之间的关系),或对立统一关系(如教学、科研之间的关系)。

高等教育关系作为高等教育学元范畴,一方面由高等教育特殊关系、高等教育一般关系、高等教育总体关系依次抽象或聚形而来,另一方面又依次向高等教育总体关系、高等教育一般关系、高等教育特殊关系具体或分形而去。这个抽象与具体、聚形与分形的过程可以形式化为:高等教育特殊关系→高等教育一般关系→高等教育总体关系→高等教育关系→高等教育总体

---

① 梁国钊.诺贝尔奖获得者论科学思想、科学方法与科学精神[M].北京:中国科学技术出版社,2001:30.

② 吴国盛.科学的历程[M].长沙:湖南科学技术出版社,2018:677-686.

关系→高等教育一般关系→高等教育特殊关系。这个过程是周而复始的,是超循环的。各种"高等教育关系"关联着形形色色的"高等教育对象"和"高等教育属性",形成"高等教育对象—高等教育属性—高等教育关系"的螺旋相依,其间既蕴含高等教育对象决定高等教育属性、高等教育属性决定高等教育关系的本体论逻辑,又蕴含认识高等教育对象必须认识高等教育属性、认识高等教育属性必须认识高等教育关系的认识论逻辑。

鉴于高等教育规律是"本质的或本质之间的高等教育关系",按照"范畴—关系—规律"的内在逻辑,我们可以构建起四组层次分明的"对应关系":高等教育学元范畴—高等教育关系—高等教育规律、高等教育学总体性范畴—高等教育总体关系—高等教育总体规律、高等教育学一般性范畴—高等教育一般关系—高等教育一般规律、高等教育学特殊性范畴—高等教育特殊关系—高等教育特殊规律,进而形成对高等教育学学术体系建设的谱系性、整体性和系统性规约。这种规约经由相互关联的范畴运动来实现,即高等教育关系经由"横向铺开、纵向推进、立体裂变、前后相继和辩证回旋",逐级分形为高等教育总体关系(诸如由高等教育内外部关系关联而成的高等教育生态关系)、高等教育一般关系(诸如高等教育与人的发展的关系、高等教育与社会发展的关系、高等教育与高深知识的关系)和高等教育特殊关系(诸如师生关系、教学关系、课程关系、身心关系),进而织成一张庞大的谱系性、整体性和系统性的高等教育关系大网。高等教育研究若能揭示这些高等教育关系中那些本质的或本质之间的高等教育关系,也就揭示了不同类型或层次的高等教育规律,进而生就和支撑层层交叠、环环相扣、互动发展的谱系性、整体性和系统性的高等教育学学术体系。

三、高等教育学元范畴与高等教育学学科体系

学科体系存在两种基本形态:一是知识形态的学科体系,集中表征为体系化的分门别类的知识;二是组织形态的学科体系,集中表征为以分门别类的知识和社会分工为基础而建立的人才培养体系。无论是何种形态的学科体系,知识体系皆是其基础、本质和核心,即无知识体系就无以成学科体系。也正是因为如此,《哲学大辞典》认为"科学是以范畴、定理、定律形式反映

现实世界各种现象的本质和运动规律的知识体系"①。当然,这里的科学并不限于自然科学,也包括人文科学和社会科学。

(一)元范畴与学科体系

学科体系以知识体系为基础、本质和核心,知识体系又以范畴体系为要素、骨架和杠杆,于是就构成了"范畴体系—知识体系—学科体系"的三联体或三位一体。从现实来看,每一个学科皆有其独特的范畴体系、知识体系和学科体系,而范畴体系身处"基层",支撑着知识体系和学科体系的"大厦"。近些年,北京大学出版社出版了一套"大学学科地图丛书",该丛书囊括人文、管理学、经济学等多个系列,每个系列又囊括一系列丛书。浏览这些丛书的目录,我们不难发现,每个系列中的每张"学科地图",总体上涵盖主要学派与理论/基本理论流派、基本范畴/基本概念/基本术语、代表人物、研究方法/方法论、学科前沿/前沿问题、重要学术组织、经典文献/必读文献等内容,而"基本范畴/基本概念/基本术语"是所有系列丛书的"基元"和"要件",由此足见"范畴体系"对于一个学科之知识体系或学科体系的特殊意义。

元范畴生发范畴体系,范畴体系支撑知识体系,知识体系拱顶学科体系。先以西方美学为例,"从古希腊毕达哥拉斯的数、赫拉克利特的活火、苏格拉底的善、柏拉图的理式、亚里士多德的纯形式以及古罗马西塞罗的高贵、贺拉斯的合适、朗吉弩斯的崇高、普罗丁的太一,再到中世纪美学家的圣三位一体和近代美学家的自由、理性、理念、移情,最后到现当代美学家的意志、潜意识、原型、主体间性"②,这些既呈现了西方美学元范畴的多元性、差异性和时代性,也呈现了各种元范畴对西方美学体系的生发作用和里程碑意义。再看遗传学,19世纪的奥地利生物学家孟德尔,以控制物种性状的"遗传因子"为元范畴,建立了"性状遗传学",被尊为遗传学的奠基人。20世纪遗传学正式诞生,同时诞生了"分子生物学",而遗传学孕育和支撑了分子生物学。摩尔根站在孟德尔、弗莱明、萨顿、贝特森、约翰逊等巨人的肩膀

---

① 冯契.哲学大辞典[M].上海:上海辞书出版社,1992:1193.
② 袁鼎生.超循环:生态方法论[M].北京:科学出版社,2010:349-350.

上,建立了"基因遗传学",将孟德尔的"性状遗传学"推进到"细胞遗传学"的新阶段。沃森、克里克、维尔金斯通过借鉴和吸纳前人的成果,提出了"DNA 双螺旋结构模型"。[①] 不难发现,一部遗传学发展史就是一部围绕遗传因子、染色体、基因、DNA、碱基、遗传密码等元范畴不断建立、创新、发展遗传学体系的历史。游览广阔的学科森林,我们也不难洞见,元范畴的不断更替或转型升级,不但是学科发展(尤其是理论学科发展)的关键性标识,而且是学科大师相继涌现的重要见证,用生态美学家袁鼎生的话说,一门学科尤其是理论学科"往往是元范畴的展开,一个理论家一生的理论建树,也常常大都是元范畴的超循环生发。有无元范畴,有无元范畴的超循环生发,成了一门学科是否独立的标志,成了一个学者能否自成一家的前提"[②]。

(二)从高等教育学元范畴到高等教育学学科体系

高等教育学之所以能成为一门独立的学科,根本在于它拥有自己独特的学科对象。其中,高等教育学的学科对象,决定高等教育学的学科本质,即决定高等教育学是什么,决定了高等教育学之所以是高等教育学;而高等教育学的学科本质,又规约高等教育学的学科体系,确保高等教育学作为一门关于高等教育的学问而存在,不致失去自我而异化成其他学科。据此而言,高等教育学的学科对象对高等教育学学科体系的构建起决定性作用。

1.高等教育关系内含高等教育学学科对象的本质规定性

拥有独特的学科对象是一门学科可以成为一门学科的内在依据或前提性假设,而学科对象就是一门学科独特的研究对象。也就是说,任何学科都有其独特的学科对象或研究对象,否则,相应的知识就无法分门别类,亦即找不到自己的学科家园。经典的高等教育学教材一般将高等教育学界定为"一门研究高等教育现象或高等教育问题,揭示高等教育规律的学科",即将"高等教育现象或高等教育问题"认定或确证为"高等教育学的学科对象",这不存在太大的争议。

将高等教育关系视为高等教育学的学科对象,更能经得起理性的雄辩。

---

① 吴国盛.科学的历程[M].长沙:湖南科学技术出版社,2018:569-576.
② 袁鼎生.超循环:生态方法论[M].北京:科学出版社,2010:349.

其一,高等教育关系是高等教育现象或高等教育问题的生发原因,即没有各种高等教育相互作用,就不可能有所谓的高等教育现象或问题;其二,高等教育关系又是从高等教育现象或高等教育问题中抽象而出的,即后者是前者的具体化或初始形态;其三,高等教育现象或高等教育问题在高等教育关系之中,即前者离开后者就没有存在的空间或场域;其四,高等教育现象、高等教育问题和高等教育规律表现为不同样态的高等教育关系,即后者是前者的"形态"或"型相"。

鉴于高等教育关系的本体论和认识论意蕴,潘懋元先生以唯物主义实践论和系统论为指导,以高等教育内外部关系或高等教育基本关系为研究对象,发现并提出了奠定高等教育学合法地位的"教育内外部关系规律";张德祥教授提出并倡导以"高等教育基本关系"①为框架,建设高等教育学体系;邬大光教授则以教育内外部关系规律为指导,立足于高等教育内外部关系,将高等教育学的学科对象划分为"两大区域":一是以高等教育内部关系为学科对象的"内核区",二是以高等教育外部关系为学科对象的"外围带",并认为二者在互动对话中形成稳定性和舒张性兼备的高等教育学学科对象。毫无疑问,他们都洞见了高等教育关系内含高等教育学学科对象的本质规定性,确信围绕高等教育关系建设高等教育学学科体系是可行的。

黑格尔的《小逻辑》或《逻辑学》所采取的"从存在论到本质论再到概念论"的结构体系,从思维或认识论上启示我们:"作为一门科学或学科的理论体系,只有在对客观存在的某一事物的认识的基础上,才能通过人的能动反映、在思维中再现出一个完整的事物。"②以系统科学为指导,按照对象(或存在)决定属性、属性决定关系的本体论逻辑,从高等教育对象(或存在)抽象出高等教育属性,再从高等教育属性抽象出高等教育关系,既符合"从存在到本质再到概念"的行程,也符合"从具体到抽象"的行程。从相互规定性看,高等教育对象(或存在)、高等教育属性、高等教育关系是螺旋相依和相互定义的,而身处总结点和生发点上的高等教育关系具有向四周不断丰

---

① 张德祥.高等教育基本关系与高等教育学体系建设[J].高等教育研究,2020(10):46-54.
② 瞿葆奎,郑金洲.教育学逻辑起点:昨天的观点与今天的认识(一)[J].上海教育科研,1998(3):2-9.

富的可能性,将其作为高等教育学学科体系构建的"元范畴"或"轴心范畴"是必要的、可行的和合理的。

2.高等教育学学科对象是高等教育学学科体系的生发母体

高等教育学学科对象与高等教育学学科体系存在知识上的依生性和共生性,即后者孕生并依生于前者,前者扮演后者生发和依托的母体。具言之,"高等教育学学科体系"在根本上是围绕"高等教育学学科对象"展开研究而形成的"关于高等教育的知识体系",集中表现为一种"展开了"的高等教育学学科对象,即一种经由"横向铺开、纵向推进、立体裂变、前后相继和辩证回旋"而形成或呈现的高等教育学学科对象。

那么,高等教育学学科对象到底如何展开,从哪里开始展开? 这是高等教育学学科体系建设必须正视和澄清的一个重要的认识论与方法论问题。根据前面的分析,从高等教育关系(亦即高等教育学元范畴)出发,从抽象逐步上升到具体,形成对高等教育总体关系、高等教育一般关系、高等教育特殊关系的系统性研究,建立专门化、逻辑化、原理化、结构化和系统化的高等教育学知识体系,是构建高等教育学学科体系的总路数和总规程。当然,这种总路数和总规程是非线性的,因为高等教育关系是非线性的。这种以元范畴为总结点和生发点的非线性学科体系建设思维,无疑走出了"从范畴意义的逻辑起点出发而线性构建学科体系"[①]的泥淖,暗合复杂性认识社会学或知识社会学的原理。

元范畴从远处走来,又向远处而去,兼具总结性与生发性、回归点性和元点性,站得高、看得广和望得远。在该意义上,高等教育关系作为高等教育学元范畴,对于高等教育学学科体系建设具有瞭望台或元视点的意义。站在元范畴的瞭望台上,我们不仅能够近观,而且还能远眺,即瞭望所考察对象在其所处时空之外的远景。具体而言,作为高等教育学元范畴的高等教育关系,既能让我们看清高等教育学学科对象的"此时此处",也能让我们远眺高等教育学学科对象的"彼时彼处",还能让我们在"此时此处"与"彼时彼处"的循环对话中谋得高等教育学学科体系的整体生成。这也是高等

---

① 李枭鹰,陈武元.高等教育学逻辑起点研究的"四个反思"[J].江苏高教,2021(12):16-23.

教育学元范畴或高等教育关系所具有的独树一帜的"范式价值"。推及开来,"对于任何思想和任何理论,元的概念都具有范式价值,因为它必然像拱顶石一样监督着一切理论和一切思想"①,规约理论和思想的谱系性,提升理论和思想的整体性、系统性和完备性。

---

① 埃德加·莫兰.方法:思想观念[M].秦海鹰,译.北京:北京大学出版社,2002:223.

第八讲
高等教育学学术体系的四重属性

———————— ❧✕❧ ————————

    学科体系、学术体系和话语体系被誉为"三大体系",其中学术体系是灵魂、支柱和根本。高等教育学学术体系兼具知识体系、范畴体系、理论体系和规律体系的综合属性,是高等教育学体系建设的"元点"和"回归点"。知识体系是高等教育学学术体系的前提,范畴体系是高等教育学学术体系的根基,理论体系是高等教育学学术体系的原型,规律体系是高等教育学学术体系的本质,对应的知识性、范畴性、理论性和规律性是高等教育学学术体系的本质属性。

一、高等教育学学术体系的知识性

    学术是指"较为专门、有系统的学问"①,是关于事物一般原因或基本原理的高深知识。鉴于此,学术体系首先表现为一种知识体系,特定的学术体系亦即特定的知识体系。但二者又不可贸然等同,因为并不是所有的知识体系都可纳入学术体系的疆域,而只有达到一定资质的知识体系方可称为"学术体系"。由此,高等教育学学术体系即一种关乎高等教育而非其他领域的特定知识体系,是关于高等教育的原理化、逻辑化、系统化的高深知识集合体,具有解释一种或多种高等教育现象的功能。

    作为一种高深知识集合体,高等教育学学术体系的知识元素呈现出舒张性、共识性和有序性,与数学集合之元素的确定性、互异性和无序性形成了鲜明对比。事实上,这些特征也是"集合体"与"集合"的根本区别所在:

———————————————————————

① 辞海[M].上海:上海辞书出版社,2009:4506.

集合体是整合性的、有机性的，集合则是组合性的、机械性的。首先，高等教育学学术体系是舒张性的高深知识集合体。此处，舒张性亦即变动性、不确定性。高等教育学知识体系的舒张性是由高等教育的发展性所决定的。在漫长的历史演进过程中，高等教育并非一经形成即固化不变的存在，而是自诞生之日起就随着社会政治、经济、文化、科技以及人们对于高等教育本身观念认知的日益深化而不断更新。这要求孕生于高等教育、根植于高等教育和服务于高等教育的高等教育学，也要与时推移、不断进行新陈代谢，将新的、精华的知识元素吸收进来，将旧的、糟粕的知识元素剔除出去，体现其应有的舒张度。唯有如此，方可准确地反映和真正地适应高等教育的生成演化，方可与高等教育的生成演化同频并进、耦合互动、互塑共生。其次，高等教育学学术体系是共识性的高深知识集合体。那些能够纳入高等教育学学术体系的知识元素，绝非只为点缀或装饰之用的徒有其表而无其实、外秀而中空的"知识纸皮砖"，亦非可供任意抛洒言论、众口难调且天马行空的"个性专场"，据此，那种由零散、孤立、个性化的高等教育学知识板块拼凑而成的"大杂烩"和"马赛克"是不能纳入高等教育学学术体系之列的，因为它们在面对充满不确定性或动态变化的高等教育问题时派不上任何用场。鉴于此，高等教育学学术体系当以谋求一般原理的"学术共识"为导向，形成可以解释或改造高等教育的"共识性知识"或"交集性知识"，而不是"芳草鲜美、落英缤纷"的"知识桃花源"，只具有纯粹的学术"审美意义"。若诚如后者，则永远难以形成经典的高等教育学知识，也不可能编就经典的高等教育学教材。最后，高等教育学学术体系是有序性的高深知识集合体。"序"主要是指事物的结构形式，高深知识的有序性指高等教育学学术体系中的高深知识元素应遵循一定的序列、体现一定的规则，各要素之间具有结构性、交织性和因果关联性。虽然严格来说，高等教育学属于一种开放的自然—人文—社会科学，其知识体系相对比较松散，具有相当程度的"超结构性"，但是这并不否认高等教育学知识体系存在有序性的客观事实和主观诉求。

　　既然高等教育学学术体系是一种高等教育学知识体系，那么应该建立什么样的高等教育学知识体系，抑或当今社会之高等教育学该以何种知识体系为基础？从某种意义上说，高等教育学主要脱胎于教育学，而教育学又以哲学和心理学为生发基础,由此,哲学、心理学和教育学共同构成了高等教育学主要的或传统的学科基础。然而,随着人工智能与万物互联时代的到来,以数学、科学、计算机、技术、工程为基础的现代知识体系,正在深刻影响一切学科领域。当然,高等教育学也毫无例外地要受到这种影响。在此背景下,高等教育学的"地平线"被延伸、拓展和升级,要求其走出独尊哲学、心理学和教育学的思维窠臼和框架樊篱,以现代知识体系为基础,形成多学科、交叉学科、跨学科甚至超学科的高等教育学研究视域,合理吸纳哲学、心理学、教育学以及人学、社会学、人类学、政治学、经济学、文化学、伦理学、生态学、传播学、语言学、计算机科学、神经科学、复杂性科学等的基本知识、原理和方法论,建立适应现代高等教育发展需要的高等教育学知识体系。

　　以上是就高等教育学知识体系的生发源或学科基础而言的,除此之外,就高等教育学本身而论,我们必须看到:高等教育学从高等教育而来,向高等教育而去,与高等教育在共生中共长。这意味着高等教育学知识体系的构建,切不可脱离高等教育本身,否则,其必将是空洞的、无根的和无生命力的。从时间上看,一切高等教育都是特定时代的高等教育,以服务特定时代的人的发展和社会发展为宗旨,不紧扣时代脉搏、不以服务为依据、不以解决实际问题为航标的高等教育学知识体系,无疑是不合时宜的,是不理性、不恰当、不牢固的;从空间上看,一切高等教育知识体系都是特定空间、地域下的高等教育知识体系,必须立足解决本国或本地区或本民族的高等教育问题,此谓高等教育学本土化。综合而言,高等教育学知识体系既不能无视人类现代经验和现代学科体系,也不能脱离时代背景和特定地域,若不然,所谓的高等教育学知识体系必将作为一种虚空、脱离实际、无用的知识体系而被束之高阁。当然,高等教育学知识体系必须吸纳现代知识体系中的合理内容,必须贴合时代和本土,并不意味着高等教育学知识体系只需"求用"而不需"求真"。从根本上说,求真是求用的前提,没有求真之先行,求用就走不稳、走不宽、走不长、走不远。

　　站在崭新的地平线上,我们要重新厘定作为特定知识体系的高等教育学学术体系的性质、基础、边界和视域问题,走出纯粹以哲学、心理学、教育学以及高等教育思想、高等教育史、高等教育实践等为知识支柱的窠臼,积极吸纳现代知识体系的伟大成果,以多学科研究、复杂性思维、历史比较等为方法论,推动思辨研究与实证研究耦合并进,重视主题化、问题式、交叉学科、跨学科、超学科的研究范式,建立反思高等教育历史和当代高等教育实践经验的高等教育学学术体系。

二、高等教育学学术体系的范畴性

范畴作为"反映事物本质和普遍联系的基本概念"①,是学术或学术体系的组成要素。可以说,无范畴就无以成学术,无范畴体系就无以成学术体系。从该意义上说,学术体系即范畴体系或基本概念体系,学术运动实为范畴运动,集中表征为范畴之间的相互规定、相互解释、相互推演和相互支撑。如果将某一领域的学术体系喻为一张"大网",那么一个个范畴或基本概念就好比织就这张大网的众多"网结";无网结则无以成大网,所有的绳索只是无结构的线条。

范畴或基本概念是理解和建构一门学科的基石和切入点。以理性为本质的人类,不仅以范畴为研究对象,还以范畴为思维工具去反映事物的本质和联系。这是一个认识事物或对象的过程,也是一个彰显和释放人类理性力量的过程。在此过程中,人类不断重释旧范畴、拓展旧范畴、扬弃旧范畴和形成新范畴,不断孕生新观点、新思想、新理论和新学科,不断发展、丰富和升华理性认识。

高等教育学学术体系亦作为一种范畴体系而存在:无高等教育学范畴运动就无以成高等教育学学术运动,无高等教育学范畴体系就无以成高等教育学学术体系。可以说,高等教育学范畴体系就是构成高等教育学学术体系的"网格结点""四梁八柱",高等教育学"学术运动"也因此成为一种独特的高等教育学"范畴运动"。从学理上说,完整的高等教育学学术体系至少包括四个层次的高等教育学范畴:第一层次是高等教育学元范畴。作为范畴体系中兼具总结性和生发性的范畴,元范畴是范畴体系的"生成元"或"元型",诸如高等教育关系依次分生高等教育总体关系、高等教育一般关系

---

① 辞海[M].上海:上海辞书出版社,2009:982.

和高等教育特殊关系;每一个层次的范畴又有自己的"原型",诸如作为实体存在的高等教育是高等教育关系的原型。学术体系表征为一种以元范畴为核心或轴心的范畴体系:元范畴处在范畴体系的总结点和生发点上,即元范畴是由下位性范畴逐级"从具体到抽象"聚形而来,又经由"从抽象到具体"向下位性范畴逐级分形而去,在这种聚形与分形、具体与抽象的循环中贯串学术体系的始终,构成学术体系的中枢。具体到高等教育学而言,高等教育关系是一种兼具总结性和生发性的范畴,因为一切高等教育学研究都是研究某种高等教育关系,也都是为了揭示某种高等教育关系,"高等教育关系"因此而贯串于高等教育学学术体系的始终,构成具有统观性、统摄性、纲领性意义的高等教育学学术体系之中枢,具有高等教育学元范畴的特质和品性。无论是走进高等教育,还是构建高等教育学学术体系,皆不能脱离高等教育关系,它不仅是考察高等教育学学术体系的"认识论起点",也是探究高等教育学学术体系的"回归点"。第二层次是高等教育学总体性范畴。高等教育学总体性范畴是高等教育学元范畴的"下位范畴",高等教育总体关系因"分有"了高等教育关系的规定性,成为高等教育关系的"下位关系"。第三层次是高等教育学一般性范畴。高等教育学一般性范畴是高等教育学总体性范畴的"下位范畴",高等教育一般关系因"分有"了高等教育总体关系的规定性,成为高等教育总体关系的"下位关系"。高等教育一般关系是高等教育学学术体系构建的"擎天柱"或"拱顶石"。长期以来,深受教育学学术体系的影响,高等教育与人的发展的关系、高等教育与社会发展的关系,一直被视为高等教育的一般关系或基本关系,各种高等教育学著作或教材也多半以此为基石或脊梁。除此之外,大连理工大学张德祥教授提出"高深知识是理解高等教育的一把钥匙"[①],强调"高等教育与高深知识的关系"也应是一种"高等教育基本关系"[②],连同上述的两大基本关系共同构成高等教育学学术体系建设的基本框架。第四层次是高等教育学特殊性范畴。高等教育学特殊性范畴又是高等教育学一般性范畴的"下位范畴"。高等教育

---

① 张德祥.高深知识是理解高等教育的一把钥匙[J].高等教育研究,2015(12):22-23.
② 张德祥.高等教育基本关系与高等教育学体系建设[J].高等教育研究,2020(10):46-54.

学特殊性范畴多元而异质,高等教育学涉足的任何高等教育领域都有自身的特殊性范畴,而且有些特殊范畴还是"关键性范畴",像学分制、通识课、选修课、人文素质教育、课程思政等范畴,对应着各种高等教育特殊关系,在高等教育学学术体系建设中均具有"节点性意义",引发了一系列高等教育思想或学说的涌现,丰富了高等教育学学术体系的百花园。

高等教育学范畴甚或一切高等教育范畴兼具稳定性和流变性。高等教育学范畴如同其他一切范畴一样,是在历史中逻辑化生成的,因而对其进行界定必须坚持范畴发展的"辩证法":既要看到这些范畴"稳定性"的一面,即尊重这些范畴在特定历史时期的"通行用法",又要看到这些范畴"流变性"的一面,即允许这些范畴随时空推移而被赋予新的含义。只有承认高等教育学范畴的稳定性,我们才能对其进行界说;只有在承认高等教育学范畴稳定性的同时又不排斥流变性,其稳定性才能通过流变性而获得呈现和解释。若看不到高等教育学范畴发展的辩证性,即使勉强就某个高等教育学范畴作出"自我满意"或"自洽性"的界定,也恐怕只能扑捉到这个范畴的某一种历史形态或某个历史片段,而不能统观这个范畴的"庐山真面目"。概言之,看不到高等教育学范畴的"整个历时态",也就无法理解高等教育学范畴的"整个共时态"。回眸高等教育史,作为高等教育学的核心范畴,高等教育的内涵与外延都在流变,建设和发展高等教育学,不能无视或看不到这种范畴的流变性。

高等教育学范畴之所以不断产生和流变,一方面受力于高等教育新事物的不断涌现,另一方面则出于人类解释和改造高等教育的现实需要。高等教育新事物、新关系和新范畴之间存在着密切的"认识论关系",高等教育新事物的出现意味着高等教育新关系的形成,二者又依赖高等教育新范畴来诠释,由此,高等教育新范畴应运而生。新范畴的出现不是为了"赶时髦",也不是为了点缀范畴的"百花园",当现有的高等教育学范畴的"解释力足够"或"没有遭遇解释困境"时,一般不会呼唤新范畴的出现。如无必要,那种"忽如一夜春风来,千树万树梨花开"的新范畴涌现,只会滋生高等教育学范畴的混乱,影响高等教育学学术体系的纯正性,平添高等教育学专业人员或学术共同体的困扰——邬大光教授就此表达过"要那么多人才培养概念吗"①的忧思。当然,若有必要,必须适时创造新范畴,以形成新的学术张力,提升学术的解释力。一般而言,一切高等教育学范畴皆有自己的疆域和边界,一旦到了临界点或分叉点,呼唤新范畴就成为一种必然。从高等教育变动不居的演化看,不断提出新的高等教育学范畴,尤其是共识性的高等教育学范畴是必要的也是必须的,这符合高等教育新事物不断涌现的内在要求,也是人类解释或改造高等教育之能力得以丰富、发展和提升的必由之路。

　　高等教育学范畴随高等教育的发展和人类解释或改造高等教育的需要而不断涌现,如同川流不息的长河,从历史走来,汇聚于现在,又奔向未来。高等教育一直在变,其结构、功能、属性、类型、层次、形式、内容等方面的"界限埋嵌在历史发展中"②。正因为如此,无论是权威辞书还是教育理论家,面对动态发展的高等教育,都只能给出一个"时代性"的界定:一种以当时的高等教育为考察对象或参照坐标而生成的描述或诠释。自高等教育诞生以来,高等教育新事物不断涌现,描绘高等教育新事物的范畴也随之出现,或不断赋予已有的某个高等教育学范畴以新的语义,这是高等教育语言流变与高等教育变革之间最直接、最典型、最鲜明的关系。对此,邬大光教授早在 2008 年就撰文指出:"高等教育语言流变不只是作为一种简单的教育语言现象而存在,其背后隐藏的是高等教育理念、属性、结构、功能、形式等的变化或变革。高等教育语言流变具有普遍性和必然性,根本原因在于高等教育在不断变化,因而描绘高等教育变化的语言也自然要变。"③正如前文所述,对于高等教育学范畴,我们必须坚持发展的辩证法,既要看到各种范畴的稳定性,同时也要尽可能对不同意义框架下使用的范畴作全景式的历时性动态考察,套用某位学者的话说,因为恰切的高等教育学范畴界说,往往既不在这个范畴的"成熟之处",也不在这个范畴的"生成之时",而在这个范畴的"生发之中"。

　　高等教育学范畴/概念大致有以下来源:一是源自对中国传统文化或教

---

①　邬大光.要那么多人才培养概念吗[N].中国教育报,2010-03-29(05).

②　约翰·S.布鲁贝克.高等教育哲学[M].王承绪,等译.杭州:浙江教育出版社,2002:3.

③　邬大光.高等教育语言流变与高等教育变革[J].教育研究,2008(2):39-42.

育思想的提取;二是源自对外国高等教育范畴或概念的引入或移植;三是源自对其他学科相关范畴或概念的迁移或嫁接;四是源自对中国高等教育政策话语的沿用或转化;五是源自对本土高等教育实践进行抽象和概括的创生。毫无疑问,这些对高等教育学体系建设皆具有非凡的意义,但"土生土长"的高等教育学更需要自主创生的高等教育范畴来支撑,如此才能名副其实,而这又根基于中国高等教育实践创新及其理论提炼。这再次表明,立足于高等教育的发展变化,立足于解释高等教育变革的需要,立足于本国或本民族的高等教育建设,熔铸高等教育新范畴,重新解释高等教育发展史上的关键性范畴,是高等教育学学术体系建设的理性诉求以及高等教育学学术体系丰富、发展和创新的必然要求。

三、高等教育学学术体系的理论性

理论是"关于规律世界的理解和论述,具体的理论由相互关联的思想、假说、学说、公理、定理、定律等构成"①。理论体系与学术体系具有内在的一致性,集中表现为学术的也是理论的,理论的亦即学术的,二者相互规定、相互解释和相互刻画。据此而言,高等教育学学术体系也是高等教育学理论体系,即一种概念化、原理化、逻辑化和系统化的高等教育理性认识或高等教育理论思维。如同高等教育一样,高等教育学理论体系也具有鲜明的"时空特征",按照马克思主义观点广而论之,"每一个时代的理论思维,包括我们这个时代的理论思维,都是一种历史的产物,它在不同的时代具有完全不同的形式,同时具有完全不同的内容"②。这告诉我们,高等教育学学术体系或高等教育学理论体系建设是一个永恒的过程,永远在路上,永远在途中,永远在完成与完美之间。

高等教育学学术体系是一种高等教育学理论体系,是说高等教育学主要以理论的方式出场,主要以理论的形态存在,主要以理论的释放发生作用。正确的高等教育学理论是高等教育本质和规律的正确反映,并将作为

---

① 李枭鹰.做一个学术个性彰明的高等教育真学人——写在大连理工大学张德祥教授从教50周年[J].现代教育管理,2020(1):123-128.

② 马克思恩格斯文集(第8卷)[M].北京:人民出版社,2009:436.

高等教育演变发展的正确指引。这正所谓高等教育学理论从高等教育实践中来、源于高等教育实践,又回到高等教育实践中去、指导高等教育实践。鉴于此,高等教育学理论体系建设必须走出纯粹的"以理论演绎或论证理论"或"以理性演绎或论证理性"的泥淖,必须立足于广域而鲜活的高等教育现实世界,合理吸纳高等教育实践的必要成果,不断增强自身的诊断力、解释力、改造力、预测力以及反思力、质疑力和批判力。首先,高等教育学理论体系的构建要走近或走进高等教育现场,直面和发掘高等教育真问题。高等教育是实践的,高等教育学理论体系也应该具有实践指导性,否则,所谓的高等教育学理论体系只能是关于高等教育的"屠龙之术",徒有深奥之虚而无现实之用。那么,面对复杂变化的高等教育世界,高等教育学理论体系建设到底路在何方? 立足于高等教育的现实问题最为根本也最为关键,因为高等教育学理论体系建设的根本动力是现实的和实践性的。其次,高等教育学理论体系建设还要立足于中国高等教育的现实性和特殊性。与欧美发达国家主要出于解决高等教育现实问题的需要而开展高等教育研究的单轨不同,中国的高等教育研究整体上是沿着学科建设和解决现实问题两条并行而有所交叉的轨道前行的,高等教育学理论体系建设一直是高等教育研究的核心要务之一,这足可证明和解释为什么我国的"高等教育学是'土生土长'的学科"①。既然如此,高等教育学理论体系建设更要植根于中国高等教育的现实性和特殊性,力避中国高等教育理论的列车误入西方高等教育理论铺设的轨道,因为"套用西方的某种高等教育理论与方法来阐释中国的高等教育现象,或者通过把中国高等教育文本作为西方高等教育理论的注脚来实现某种西化或欧美化,这比直接主张全盘西化或欧美化更动摇中国高等教育理论的根基"②,更为关键的是将因为理论脱离实际或理论水土不服而耽搁中国高等教育现实问题的解决。

高等教育学理论体系建设要有高站位、大格局、广视野。一方面,要服从于高等教育求真、求善、求美的追求,服从于高等教育理论创新的内在需

---

① 邬大光. 论高等教育学体系的特殊性[J]. 厦门大学学报(哲学社会科学版), 2020(5): 18-25.
② 李枭鹰. 论高等教育强国的整体生成[J]. 江苏高教, 2019(9): 8-14.

要,服从于优秀传统文化尤其是经典高等教育思想或学说的继承发展,服从于高等教育强国建设的伟大宏愿,服从于办人民满意的高等教育之根本目的,服从于中华民族伟大复兴的中国梦。另一方面,要坚持百家争鸣、海纳百川,理性审视各种来源的高等教育理论,"不因其出自学术权威而挟以自重,也不因其源于外国学者而排斥之,既不挟洋自重,也不自负排外,以求真求是的学术态度对待学术问题和学术争论"①。这是高等教育学理论体系建设的根基、根性和法则。

四、高等教育学学术体系的规律性

规律是事物内部或事物之间的本质关系,是本质的或本质之间的关系。探究总体规律,发现一般规律,揭示特殊规律,形成解释或改造世界的谱系性、结构性、系统性的规律体系,是人类进入文明社会以来的不懈追求,也是人类求知天性的深度释放,还是人类本质力量的特有证明。遵循规律并按规律办事,往往能够"以最经济的方式处理许多不同的问题"②,取得事半功倍的效果。故此,"科学家一直在致力于发现宇宙的秩序和组织,这也就是同主要敌人——无组织——进行博弈"③,这昭示且强化了"科学研究的对象则是原理和规律"④的观点或立场。

黑格尔认为,规律就是关系。列宁继承、发扬、推进和升华了这一论点,强调"规律就是关系……本质的关系或本质之间的关系"⑤。《辞海》和《中国大百科全书·哲学卷》在吸纳上述思想的基础上,将规律界定为"事物发展过程中的本质联系和必然趋势"⑥,并指出"规律亦称法则……是客观事物发展过程中的本质联系,具有普遍性的形式"⑦。由此推知,规律在本质上是一种关系或关系的函数,即本质的或本质之间的关系是规律的质的规

① 李红.现代知识体系的流变与哲学学术体系的构建[J].哲学动态,2019(9):28-32.
② 哈肯.协同学讲座[M].宁存政,等译.西安:陕西科学技术出版社,1987:1.
③ 维纳.维纳著作选[M].钟韧,译.上海:上海译文出版社,1978:20.
④ 卡西勒.启蒙哲学[M].顾伟铭,译.济南:山东人民出版社,1996:6.
⑤ 列宁.哲学笔记[M].北京:人民出版社,1974:161.
⑥ 辞海[M].上海:上海辞书出版社,2000:1744.
⑦ 中国大百科全书·哲学卷[Z].北京:中国大百科全书出版社,1987:269.

定性或内在规定性。进一步说，"规律的世界"一定是"关系的世界"，不是"关系的世界"一定不是"规律的世界"。

规律是关系，但关系却未必是规律，二者并不等同。亦即说，不是所有的关系都可以称之为规律，只有那些"本质的关系或本质之间的关系"方可称之为规律。我们必须看到，事物的关系存在本质的关系与非本质的关系，只有那些本质的内部或外部关系才可纳入规律的范畴或家族；同时，就事物之间的关系而言，不同的事物有不同的本质，不同事物之间"本质的关系"实乃"本质之间的关系"，而"本质之间的关系"也实为不同事物之间的"本质的关系"；另外，事物作为一种系统性存在，包含不同的"整体"，即在某种意义上看，构成系统的每个"部分"不仅是"部分"，而且也自成"整体"，每个"整体"都有其自身的本质，不同的"整体"也皆存在本质的关系与非本质的关系，那些本质的关系亦属于规律的范畴或家族。

高等教育学是一门研究高等教育现象和高等教育问题、揭示高等教育规律的学科，探究、发现和揭示高等教育规律是高等教育学的责任、使命、承诺和目标。正如数学、物理学、化学等学科的学术体系是由一系列公理、定理、定律和推论等构成的一样，高等教育学学术体系必然包含不同类型和层次的高等教育规律，否则，就不具备高等教育学学术体系的本色和底色。毫不夸张地说，高等教育规律体系是高等教育学学术体系的根本和灵魂，缺失了高等教育规律体系也就无所谓真正的高等教育学学术体系。因此，要走进高等教育学学术世界，必须先走进高等教育规律世界；而走进高等教育规律世界，必须先走进高等教育关系世界，因为高等教育规律是"特殊的关系规律"[①]。当然，走进了高等教育关系世界也未必走进了高等教育规律世界，因为高等教育规律是"本质的或本质之间的高等教育关系"，而不是"所有的高等教育关系"。

高等教育作为一个"关系系统"或"关系集合体"或"关系性存在"，既在关系中"自成系统"，又在关系中与其他系统"互成系统"[②]，还在关系中"生成演化"。这意味着高等教育规律既存在立足于"高等教育总体关系"的高

---

① 李枭鹰. 论高等教育的关系属性[J]. 教育研究，2014(9)：33–38.

② 李枭鹰. 高等教育关系论[M]. 北京：中国社会科学出版社，2017：2.

等教育总体规律(即高等教育整体生发规律),也存在立足于"高等教育一般关系"的高等教育一般规律(即高等教育内外部关系规律),还存在立足于"高等教育特殊关系"的高等教育特殊规律(即高等教育内外部关系规律的所有"下位规律")。高等教育总体规律是家族性的,即本质的或本质之间的高等教育总体关系并非只有一种,高等教育总体趋势也并非只有一种表述或一种样态;高等教育一般规律是可数的,因为本质的或本质之间的高等教育一般关系是可数的,高等教育内外部关系规律就是高等教育一般规律;高等教育特殊规律是不可数的,因为本质的或本质之间的高等教育特殊关系是无限数量的。高等教育总体规律由高等教育一般规律抽象升华而成,高等教育一般规律由高等教育特殊规律抽象升华而成,三者螺旋相依共成谱系性的高等教育规律体系,彼此相互规定、相互作用、相互制约,联袂影响甚至决定着高等教育的整体发展方向和相对稳定的运行轨道。

不同层次或类型的高等教育规律,经由或依靠不同类型的高等教育研究去发现和揭示。一般而言,通过应用研究去发现和揭示高等教育特殊规律,通过历史与比较研究去发现和揭示高等教育一般规律,通过逻辑研究去发现和揭示高等教育总体规律。[①] 应用研究、历史研究、比较研究、逻辑研究共同构成了高等教育规律体系构建的"主要进路",以及高等教育学走向成熟乃至攀上高峰的"基本坡面"。除这四者外,高等教育学元研究(包括元高等教育学)同样不可或缺,因为只有通过高等教育学元研究对高等教育学规律体系进行系统的反思、质疑和批判,高等教育学学术体系方能够在自我反省或反躬自问中不断丰富、发展、完善和成熟。应用研究、历史研究、比较研究、逻辑研究和元研究异质而互补、并行而不悖,彼此通过相互作用、相互成就、整体发展和超循环运转,不断发现和揭示不同类型或层次的高等教育规律,丰富、发展和完善高等教育学学术体系。回溯广域的学科发展史可以确证,"从应用学科走向逻辑、历史、比较学科,抵达元学科,回归应用学科,形成五维圈进的超循环"[②],是学科发展的基本范式,潜含着高等教育规律体系和高等教育学学术体系构建的生态图式。

[①] 李枭鹰.走出教育规律的认识困境——兼论潘懋元先生提出的教育内外部关系规律[J].中国高教研究,2009(3):36-39.
[②] 袁鼎生.超循环:生态方法论[M].北京:科学出版社,2010:182.

第九讲
高等教育学的使命与彼岸

　　高等教育学应走向哪里？这个问题关系到高等教育学发展的方向、目标、责任、使命和路径，实为一个涵盖高等教育学"如其所是"和"如其所应"的根本性问题。按照柏拉图的"太阳隐喻"和"洞穴隐喻"，宇宙万物只有在太阳或光明的照耀下，才能有所区分并显示其存在与本质，即没有太阳或光明，我们看不到任何东西，更不用说区分和利用它们了。对于高等教育而言，如果不能以科学的高等教育学为指导，我们就无法辨别好与坏、善与恶、美与丑、理性与不理性、公平与不公平、正义与不正义等，那么实现高等教育现代化或建设高等教育强国就是一种奢谈。

　　作为一种关于高等教育的学问，高等教育学因高等教育的发展需要而诞生、存在和发展，以认识和改造高等教育为出发点和归宿，故而当如柏拉图心中的"太阳"，高悬于高等教育的天空，给予高等教育以光明，照亮高等教育的本质世界，指引高等教育的前进方向，导引高等教育的发展道路，匡正高等教育的发展模式，为高等教育的认识与行动提供一套可靠的思维框架、理论依据、基本原则和评判标准。这种远大理想和高位目标，既涉及世界观、人生观和教育观，也涉及高等教育之真、善、美的高标准，还涉及高等教育的方向、目标、责任和使命。

　　一直以来，高等教育存在的问题或危机，要么源于对世界、对人和对生命的认识不深，要么源于对真、善、美的理解不透，要么源于对高等教育理论的探究不足，要么源于对高等教育实践的耕耘不实，抑或还有其他。这些问题不彻底解决，一方面会致使高等教育的运行发展"脚踩西瓜皮，滑到哪儿算哪儿"，另一方面会致使高等教育学的合法性遭到永无休止的质疑和诟病,而我们对此却全然不知,还以为高等教育学界所担忧的高等教育学学科危机只是一种"话语策略"①。长期以来,为了摆脱高等教育学的学科危机,高等教育学界积极寻找各种合法依据和有效路径,诸如论证高等教育学的独特研究对象,探寻高等教育学的独特研究方法,构建高等教育学的独特理论体系,呼吁升级高等教育学的学科地位,诸如将高等教育学发展成为"独立于教育学的一级学科"②,谋求高等教育学的"交叉学科归宿"③,抑或还有其他。当然,从根本上看,最为关键的还是构建具有强劲"解释力、建构力、影响力"④的高等教育学理论体系,因为理论是学科最坚硬的部分,"学科成熟的标志是该学科的理论体系是否已建立"⑤。毫无疑问,这在根本上是一个"我们需要什么样的高等教育学"或"高等教育学应走向哪里"的问题。本讲我们将立足于"高等教育的关系属性"⑥,通过解答"高等教育是何种存在"和"高等教育学到底求解什么关系",进而探寻"我们需要什么样的高等教育学"或"高等教育学应走向哪里"的可信答案。

一、高等教育是何种存在

高等教育是何种存在,在根本上决定了高等教育学的学科形态、学科性质和学科方向,因为高等教育学因高等教育发展需要而诞生、存在和发展。不难洞见,高等教育的复杂性决定了高等教育学的复杂性,高等教育的开放性决定了高等教育学的开放性,高等教育的综合性决定了高等教育学的综合性,高等教育的人学性决定了高等教育学的人学性,高等教育的社会性决定了高等教育学的社会性……可以说,在我们理解的范围内,这个判断都是成立的。

科学史昭示我们,探究一个事物最好从这个事物的深处和远处开始,如

---

① 方泽强.高等教育学"学科危机":一种话语策略——基于高等教育学分类的分析[J].现代教育管理,2020(4):10-17.

② 张应强,郭卉.论高等教育学的学科定位[J].教育研究,2010(1):39-43.

③ 潘懋元,陈斌.论作为交叉学科的高等教育学[J].高等教育研究,2021(4):56-60.

④ 胡建华.中国高等教育学科发展40年[J].教育研究,2018(9):24-35.

⑤ 薛天祥.科学方法论与《高等教育学》理论体系[J].江苏高教,2002(2):8-12.

⑥ 李泉鹰.论高等教育的关系属性[J].教育研究,2014(9):33-38,46.

此才能在溯源中发现事物的本相。高等教育的奥秘在宇宙、生态、社会的深处和远处，越到深处和远处越能洞见高等教育的奥秘。从系统科学的视角看，宇宙万物皆是一种"关系系统"或"关系集合体"。关系系统或关系集合体是一种"关系性存在"，即一种以"关系"为纽带或杠杆的存在形态，它由一系列相互作用或内在关联的成分、状态、事件、反应等构成。

从本体论上看，关系作为一种相互作用，既具有"存在原因"的本质规定性，也具有"存在范型"的本质规定性，还具有"存在场域"的本质规定性，可谓一种"存在原因—存在范型—存在场域"的三联体。作为一种"存在原因"，关系对宇宙万事万物具有孕育、发动、牵引、维持和再生的作用。作为一种"存在范型"，关系与万事万物伴生同出、相互规定、相互寄生。作为一种"存在场域"，关系是万事万物的存在环境或存在空间，即关系与万事万物相互作用、相互影响、相互反馈、相互适应，合生出万事万物的生境。在该意义下，把握关系的本体论意蕴，对于我们理解宇宙万事万物连同宇宙本身，具有不可替代和不可或缺的认识论意义和方法论价值。

（一）关系系统的普遍性

一切系统都是关系系统，系统的一定是关系的，系统与关系是螺旋相依的。系统是普遍存在的，关系系统也是普遍存在的。从宇观世界到微观世界，从物质世界到精神世界，充满着关系系统。从原子核到原子、从原子到分子、从分子到细胞、从细胞到机体、从机体到社会、从社会到自然，以及地球、太阳系、银河系、总星系，处处都是关系系统。比如，原子就是电子和原子核构成的关系系统，电子以原子核为中心圈行环走，做永不停息的绕核运动；所有原子表征为电子和原子核的关系性存在，不同的原子则表征为不同的电子和原子核的关系性存在。

宇宙万事万物连同宇宙本身，因关系而成为一个"关系共同体"，也因关系而成为一个"命运共同体"。以太阳系为例，太阳与水星、金星、地球、火星、木星、土星、天王星、海王星组成一个相互关联的系统，以太阳为中心，各行星既自转，又公转；太阳与各行星之间的动态平衡，是各种力相互作用的结果。牛顿万有引力定律诠释了这种关系及其结果，太阳或任何一颗行星的陨落或突变,皆有可能引发整个太阳系的"巨变"。

回到人类居住的地球,我们可见、可感的生态系统可谓最典型的关系系统,也可谓最易理解的"关系共同体"和"命运共同体"。在每一个生态系统中,各生态主体诸如生产者、消费者、分解者以及物质环境,一方面在物质循环和能量转换中"相互摄受",另一方面又在这种"相互摄受"中释放各自的生态价值,并由此构成相互关联的"生态价值共同体"。这意味着,各生态主体在生态系统中具有"价值两重性"——既作为"价值主体"而存在,又作为"价值对象"而存在。广义地看,"任何有机体都是世界网络中的一个结点,没有万物之间的联系,有机体便不能生存,同样每一个机体对于生态系统整体的稳定和繁荣也发挥着自己的作用,具有相应的生态价值"①。对于一个生态系统而言,各生态主体在生态伦理上是平等的,没有主仆之分,没有上下级之分;生产者、消费者、分解者以及物质环境,谁也离不开谁,谁也不能凌驾于谁之上。

范畴系统也是可理解的关系系统,尤其是那些对反或对位的范畴,既存在对立的一面,又存在统一的一面。比如,现象与本质、可能与现实、形式与内容、结果与原因、偶然与必然、有限与无限、瞬间与永恒、伪似与真谛、存在与虚无、感性与理性、恒定与变化、演员与观众、教师与学生……每个范畴都有自身的规定,对反或对位的双方,在彼此联系和相互反映中,获得并呈现各自的本质规定性。比如,"感性的规定是执着于变化,理性则执着于不变;感性注意实质,理性注意形式、抽象的形态"②。又如,变化与恒定在关系中相互映照和刻画:唯有在变化中,才能洞察何为恒定;也唯有在恒定中,才能对照出何为变化。由此足可窥见,对反或对位的范畴是相互定义、相互规约、相互解释和螺旋相依的,借用黑格尔的话说,"每一方只有在它与另一方的联系中才能获得它自己的〔本质〕规定,此一方只有反映另一方,才能反映自己。另一方也是如此;所以,每一方都是它自己的对方的对方"③;对反或对位的范畴"是同时生成的,没有一种办法可以将这些对立分解成一对毫无

---

① 汪文勇.怀特海的泛经验主义及其生态意蕴[J].自然辩证法通讯,2017(6):131-137.
② 傅佩荣.西方哲学与人生:第二卷[M].北京:东方出版社,2013:49.
③ 黑格尔.小逻辑[M].贺麟,译.北京:商务印书馆,2009:241.

瓜葛并永久隔阂的两端"①,它们如同搅拌后的蛋黄与蛋清,"你中有我,我中有你"。

(二)关系系统的关系性与系统性

我们所见的一切系统皆为"关系系统",皆为一种"关系性存在"。宇宙是我们所能想象得到的最大的、最复杂的、最具生命力的关系系统。仅就复杂性而言,"宇宙并不是建立在可分单位的基础上,而是建立在复杂系统的基础上"②,可谓一系列复杂系统的"格式塔"或"整生体"。具体而言,宇宙是一个由多类型、多层次的系统所构成的复合体,是一个由多类型、多层次的"关系"所构成的复合体,是一个由多类型、多层次的"系统与关系相互交织"所构成的复合体。放眼望去,"每个系统都建立在别的系统之上并由它们所创建,每个系统既是整体又是部分"③,集中表征为:每个系统既是其所属的整体或母系统的"部分",又是其所摄的部分或子系统的"整体";一切系统又皆由系统构成,是系统的系统,是系统之系统的系统,亦即系统之中有系统,系统之外有系统;系统存在无穷大,也存在无穷小,无穷小是无穷大的"微分",无穷大是无穷小的"积分",大系统与小系统、母系统与子系统的相互嵌套形成了积分与微分的对话。当然,大系统并非小系统的简单相加或机械组合,而是由小系统有机关联而成,是小系统在系统关联中整体生成的有机整体。

关系系统是关系与系统的复合体,其间充满"关系现象"和"系统现象"。具体而言,关系系统既是关系的,也是系统的,还是关系与系统内在关联和相互交织的。这正是关系系统的关系性和系统性。在关系系统中,关系与系统相互依生、相互共生、相互规约:关系是系统的关系,系统是关系的系统;关系是系统的杠杆,系统是关系的"格式塔";关系是系统的生发力量,系统是关系生成的整体,是关系的整体生成。在关系系统中,关系与系统互为生成之因和生成之果:关系孕育了系统,孕生了关系系统;关系既在自生

---

① 李枭鹰,唐德海.中国大学治理的"三元文化"冲突论纲[J].高校教育管理,2018(1):84-91.
② 埃德加·莫兰.方法:天然之天性[M].吴泓缈,冯学俊,译.北京:北京大学出版社,2002:88-89.
③ 埃德加·莫兰.方法:天然之天性[M].吴泓缈,冯学俊,译.北京:北京大学出版社,2002:90.

中生成系统,也在生成系统的过程中完成自生;系统与关系相互作用、相互反作用、相互反馈,不断生发新的系统和关系。关系在生成系统中完成自生,是一种关系生产或关系再生产,这种关系的生产或再生产,与系统的生产或再生产,相互依生、相互催生、相互制约,形成循环反馈与环回对话。系统的"层层嵌套",关系的"环环相扣",系统与关系的"相互交织",否定了封闭自足的宇宙观、自然观、社会观和生命观,肯定了复杂的关系系统潜含无限的可能性,为我们认识和改造高等教育系统提供了纲领、指针和法则。

根据以上分析,不难发现和确证,"关系"实乃考察一切关系系统的出发点和归宿、元点和回归点,即从关系出发,经由一系列中介关系,再回到关系,是一种关系的"认识论大回环",内含特殊的认识论和方法论意蕴。理性与经验双双表明,从内部关系去考察关系系统是根本的和不可或缺的,从外部关系去考察关系系统是重要的和不应忽视的,二者齐头并进共成考察关系系统的"一体两面"。这也是认识宇宙万事万物的一条"健康法则"。面对一个关系系统,如能揭示各种关系的本体论、价值论、目的论、认识论、方法论、实践论意蕴,那将对我们认识该关系系统具有更大的意义。

(三)高等教育的关系属性

高等教育是一个复杂的关系系统或关系集合体或关系性存在,这是客观事实,也成为一种共识。作为一种关系系统或关系集合体或关系性存在,高等教育既由各种高等教育关系所发动、牵引、维持和再生,其本身又作为一种特殊的高等教育关系而存在,同时还存在于特定的高等教育关系之中。换言之,高等教育关系一方面表征为一种"存在原因",另一方面表征为一种"存在范型",再一方面表征为一种"存在场域"。三种型态或模态的高等教育关系,螺旋相依、交互作用、共生共塑,共同构成独特的"存在原因—存在范型—存在场域"的三联体,统摄、规约和支配高等教育的思与行。一言以蔽之,高等教育作为一种关系系统或关系集合体或关系性存在,既在高等教育关系中存在,也因高等教育关系而生成演化,是谓"高等教育的关系属性"①。

---

① 李泉鹰.论高等教育的关系属性[J].教育研究,2014(9):33-38,46.

对于高等教育的关系属性，我们只要从高等教育的构成要素和结构形态就足以解释并获得最直接的认知。从构成要素看，教育者、教育中介/教育影响、受教育者，相互规定、相互作用、相互反馈，构成复杂的"关系系统"。与此同时，每种要素内部亦是一个复杂的"关系共同体"，并以此为基础成为"利益共同体""命运共同体"①。从结构形态看，高等教育是分类、分层的，不同类型、不同层次的高等教育，既在关系中自成相对独立的复杂性系统，而类与层的纵横错落、相互交织，又互成网络态的复杂性系统，集中表征为高等教育类型与高等教育层次的纵横交织、上下联通、内外嵌套，形成"类中有类、层中有层、类中有层、层中有类、类层交织"②的立体网络结构。

二、高等教育学到底求解什么关系

世界是一个普遍联系的世界，因而也是一个关系世界。各学科以揭示各自对象世界的"本质的或本质之间的关系"为主要责任和核心使命。鉴于关系具有"存在原因""存在范型""存在场域"三重本体论意蕴，各学科有必要也应当立足于这三个方面去揭示各种"本质的或本质之间的关系"，即作为"存在原因"的关系规律，作为"存在范型"的关系规律，以及作为"存在场域"的关系规律。

（一）因果关系是普遍而基本的关系

万事万物是普遍联系的，即一事物总是关联着他事物，同时一事物又总是被他事物关联着，关联和被关联是一切事物的生态真谛、生态处境和生态安顿。用迈克尔·富兰的话说，"一切事物和一切人都是互相关联的。每一件事物影响另一件事物"③。言下之意，一事物总是以某种方式表现为他事物的原因或结果；而且每一个原因的后面还有原因，每一种结果的后面还有结果；原因或结果既首尾相连（如同苯环结构），又纵横交错（如同水系结构），形成因果之网。当然，也有人不承认因果关系的普遍性，哲学家休谟就

---

① 李枭鹰.论大学、政府、市场的权力生态关系[J].国家教育行政学院学报,2009(6):26-30.

② 李枭鹰.高等教育强国建设需要什么样的高等教育结构[J].高等教育研究,2019(5):21-23,19.

③ 迈克尔·富兰.变革的力量——透视教育改革[M].北京:教育科学出版社,2005:118.

认为"任何事情都有原因"是站不住脚的,无论是从经验论、唯理论来说,还是从天赋观念来说,好像都不能完全说通。对此,我们不在这里讨论,但对于休谟的思维方式不可置之不理。

事物因为各种因果关系的存在,处在"因果循环"或"因果之网"之中。在这个因果之网中,一切事物是因亦是果,是直接亦是间接,是关联亦是被关联,是帮助亦是被帮助。在这个因果之网中,迥然不同的事物被编织成一个有机整体,按照帕斯卡尔的观点,不认识整体就不能认识部分,不认识部分也不能认识整体。在这个因果之网中,各种因果关系呈现出非线性特征,表现为"非线性因果律",即一因多果,或一果多因,或多因多果,一切因果之间难以找到严格的或刚性的"一一对应"关系。比如说,按照"线性因果律",外界降温照理会引起恒温动物体温的降低,而恒温动物的体温仍然会保持不变。这一简单事实昭示我们,所谓的原因并未导致预想的结果,本该发生的事情并未发生。因此,面对复杂系统,我们必须摒弃命令性的、外在的、先在的线性因果观,即那种认为"无论何时何地,在相同条件下,相同原因总是导致相同的结果;某种结果只能产生于某种原因,结果不可能既是结果又反作用于原因,不可能变成原因的原因,而原因也不可能既是原因又是结果的结果"①的因果观。

关系是分类又分层的,存在因果关系、结构关系、功能关系、价值关系等多种类型,每种类型又下辖多个层次的关系。从总体上看,因果关系只是千万种关系中的一种,因果之网也只是千万种关系之网中的一种,但因果关系和因果之网是一种最普遍、最基本、最重要的关系和关系之网,也是一种人类理性或本质力量最想认识、探明和破解的关系和关系之网。从经验来看,每一个领域都存在自身独特的因果之网或关系之网,不找到、不理清、不解开这个因果之网或关系之网,就无法走进、认识、改造与之对应的每一个领域;规律是"本质的或本质之间的关系"②,是因果关系中最根本、最重要的关系,是一切科学研究希冀求解的关系。

---

① 埃德加·莫兰.方法:天然之天性[M].吴泓缈,冯学俊,译.北京:北京大学出版社,2002:270.

② 列宁.哲学笔记[M].北京:人民出版社,1974:161.

（二）学科以"求是"为出发点和归宿

学科是多形态的、多门类的、多层级的,这些通过形形色色的学科样态来表现,而学科样态又表现在分门别类的知识之中。知识是学科的本质,无论是知识形态的学科,还是组织形态的学科,抑或制度形态的学科,这一点永恒不变。直观地看,知识形态的学科是分门别类的知识,不同学科即为不同门类或类别的知识,亦即不同学科因探究不同领域的奥秘,形成专门化、概念化、原理化、逻辑化、结构化和系统化的知识体系。

学科以揭示原理或规律为核心使命和根本任务,每一个学科都必须为相应领域提供原理性或规律性知识,否则,这个学科迟早会遭遇合法性的危机,深陷身份认同的困境。从小范围看,数学、物理学、化学等学科的科学性或合法性,主要根基于这些学科建立了体系化的公理、定理、定律、推论等,可以为人类认识和改造世界提供可靠的理论依据、基本原则和评判标准。从大范围看,一切学科均当以揭示相应领域的规律或原理为责任、使命和目标。这正是我们常言的"求是"。按照《辞海》的定义或解释,"'是'就是客观事物的内部联系,即规律性,'求'就是我们去研究"[1]。言下之意,"求是"就是去探究"规律性",就是去探究客观事物的"内部联系",就是去探究客观事物的"本质的关系或本质之间的关系"。"求是"意在为人类认识和改造世界寻求"太阳"或"光明",以便照亮人类之思与行的方向、目标和道路。那么,到底如何去求是? 实事求是,即从实际对象出发,探求事物的内部联系及其发展的规律性,认识事物的本质。简言之,"实事"是"求是"的方法论。

一切学科皆既为"求是"而来,也为"求是"而去,还与"求是"共存。站在学科生发的长河中看,"求是"实乃一切学科的出发点和归宿、元点和回归点。不同学科因学科对象不同,所求之"是"不同。亦即说,不同学科求不同的"是",求不同领域的"是",求不同对象的"是",求不同类型或层次的"是"。粗略地看,数学表征为一门研究数量、结构、变化、空间以及信息等概念的学科;物理学表征为一门研究物质运动最一般规律和物质基本结构的

---

① 辞海[M].上海:上海辞书出版社,2009:3661.

学科;化学表征为一门在分子、原子层次上研究物质的性质、组成、结构以及变化规律的学科;经济学表征为一门研究价值的生产、流通、分配、消费之规律的学科;法学表征为一门以法律、法律现象以及其规律性为研究内容的学科;教育学表征为一门研究教育现象、探究教育问题、揭示教育规律的学科……当代中国生态美学家袁鼎生对不同学科的"求是"进行了高屋建瓴的抽象概括,认为"科学学科,含一切自然科学与社会科学,探求世界的本然之是。人文学科,在本然之是的基础上,求索应然之是,有浓郁的希冀与理想的意味,有造梦的色彩。管理学科,遵循本然之是和应然之是,追求必须之是,形成了以规律和理想为依据的规范、规则、规定、规章、规程、制度、条例系统。技术学科,遵照本然之是,统筹兼顾应然之是和须然之是,探求了最佳之是。在技术学科的各种方案与模型中,最后选定者,最具精然之是,当是各种价值与效能的最佳中和,最优集合。哲学学科,汇通上述诸学科之是,提升上述诸是,成统然之是,进而成通然之是,最后成超然之是。"①这种不同的"求是",标划了各学科的学科边界,框定了各学科的学科对象,规约了各学科的学科本质,设定了各学科获得身份认同与合法地位的学科条件,明确了各学科的学科彼岸,实乃各学科建设发展的总纲领和总法则。

每一个学科都应该明确自己特殊的"求是"目标,否则,这个学科将是一个没有正确航向和理想彼岸的学科,而没有实现这种"求是"的学科,则是没有抵达彼岸的学科,更不用说是成熟的学科了。推及开来,每一项研究也都当有自己特殊的"求是"目标,而没有完成这种"求是"的研究,则为不完整、不到位、不彻底、不理想的研究。基于"求是"即为"探究规律性",一切学科或研究若没有揭示相应领域的关系及其规律,就意味着其没有兑现当有的承诺。

当然,"求是"并非衡量一个学科成熟与否,抑或评价一项研究是否具有价值的唯一标准。比如说,对于一项具体的研究而言,或产生了原创知识,或革新了已有知识,或完善、拓展了已有知识,或创新了研究方法,或发现了新事实,或验证了某个假设,或丰富了旧理论,或提出了新理论……如此等

---

① 袁鼎生,袁开源.范式整生论[M].北京:科学出版社,2021:2.

等,也不失为一项有意义的、有价值的、有贡献的研究。

(三)高等教育学以求"复合之是"

高等教育学是一种关于高等教育的专门学问,是概念化、原理化、逻辑化、结构化、系统化的高等教育理性认识。高等教育需要高等教育学为其提供思与行的依据和法则,指明思与行的方向和道路,纠正思与行的迷失和脱轨。高等教育学是开放性、综合性和复合性的,既内含社会科学所求的"实然之是",也内含人文科学所求的"应然之是",还内含自然科学所求的"本然之是",我们称之为"复合之是"。这根源于高等教育学是一个开放的"自然—人文—社会"科学,兼具人文科学性、社会科学性和自然科学性。长期以来,我们要么将高等教育学视为人文科学,要么将高等教育学视为社会科学,要么将高等教育学视为人文社会科学,几乎没有人愿意承认高等教育学的自然科学性,这种思想或观念上的分道扬镳或人为阉割,既屏蔽了高等教育学的"物理现实",也屏蔽了高等教育的"物理现实",还在理论上或前提上屏蔽了自然科学参与和支持高等教育学的"可能性"。

人文科学、社会科学和自然科学相互屏蔽的现象相当普遍,用复杂性哲学大师埃德加·莫兰的话说,"没有哪一种自然科学愿意承认它的文化根源。没有哪一种自然科学愿意承认自己的人类特征。自然科学和人文科学分道扬镳,这既屏蔽了前者的社会现实又屏蔽了后者的物理现实。我们一头撞在分离原则的坚墙上:它判定人文科学是物理学之外的不稳定的东西,它判定自然科学是对本身社会现实的全然无意识。还是冯·福斯特说得好:'定名为社会科学,这一事实本身就是在拒绝其他科学具有社会性。'(我补充一句:也是拒绝社会科学有物理性。)"[1]。事实上,"全部人类社会现实都以某种方式(哪一种?)依存于自然科学,而全部自然科学也以某种方式(哪一种?)依存于人类社会现实"[2]。毫无疑问,这种分析是鞭辟入里和入木三分的,这种见地是客观的和中肯的。

为什么说高等教育学是一个开放的"自然—人文—社会"科学?众所周

---

① 埃德加·莫兰.方法:天然之天性[M].吴泓缈,冯学俊,译.北京:北京大学出版社,2002:4.

② 埃德加·莫兰.方法:天然之天性[M].吴泓缈,冯学俊,译.北京:北京大学出版社,2002:5.

知,高等教育学因高等教育发展需要而诞生、存在和发展,而高等教育又是从人而来并为人而存在和发展的。从感性经验来看,人首先是物理的,其次是生理的和心理的,再次是文化的和社会的……这意味着,人既具有自然性,也具有人文性,还具有社会性。一直以来,我们习惯于将人的自然性、人文性和社会性"二元化",将其统称为自然属性和社会属性。这种笼统的"二元化"遮蔽了人的人文性,造成了各领域"人的遗忘"或"人空场",误导了我们对教育属性的系统性认识。作为一种培养高层次专门人才的实践活动,作为一种建立在中等教育基础之上的专门教育,高等教育与其他一切层次的教育一样,以人为元点(或出发点)和回归点(或归宿),兼具人文性、社会性和自然性。事实上,面对整个人类社会,我们永远都不要忘了人类社会现实从属于自然物理现实、自然物理现实也从属于人类社会现实的"两重性逻辑"。一言以蔽之,我们必须走出高等教育学与自然科学分道扬镳的窠臼,必须纠正长期以来人为地屏蔽高等教育学的自然科学属性的错误倾向和不理智行为。

鉴于高等教育学兼具自然科学、人文科学和社会科学的属性,也鉴于高等教育学所求之"是"实为"复合之是",不同类型或层次的高等教育研究,抑或是高等教育学各子学科,可以也应该聚焦于"不同之是"的探寻,或高等教育的"本然之是"(如高等教育社会学等),或高等教育的"应然之是"(如高等教育伦理学等),或高等教育的"须然之是"(如高等教育管理学等),或高等教育的"精然之是"(如高等教育统计学等),或高等教育的"超然之是"(如高等教育哲学等)。特别需要强调的是,基于高等教育的"属人性""为人性"和"育人性",无论什么类型或层次的高等教育研究,也不论何种时空背景下的高等教育学,都不能忽视或缺失对高等教育"应然之是"的探寻,必须探明每一项研究背后潜藏的责任使命、行为准则和终极关怀,必须兑现服务于教书育人和立德树人的重要承诺。

高等教育的开放性、复杂性、复合性、关系性和系统性联袂告诉我们,高等教育学必须全面而系统地解答"高等教育"的本体论、价值论、认识论、方法论、目的论和实践论问题,而求解这些问题又离不开对"高等教育关系"的本体论、价值论、认识论、方法论、目的论和实践论意蕴的探寻和挖掘,因为高等教育是一种复杂的"关系系统"或"关系集合体"或"关系性存在"。

三、我们需要什么样的高等教育学

从学科、理论和规律的内在关系看,高等教育学理论是高等教育学的核心,而高等教育规律又是高等教育学理论的核心。这就意味着"我们需要什么样的高等教育学"与"我们需要什么样的高等教育学理论""我们需要建立什么样的高等教育规律体系"具有内在的一致性。根据前文所述,高等教育规律虽然只能局部地解答高等教育的认识论问题,不能完全等于高等教育学或高等教育学理论,但我们不可否认没有高等教育规律体系支撑的高等教育学理论或高等教育学是无根的。可以说,建立高等教育规律体系永远是高等教育学学科建设的根本和核心。

那么,如何建立完备的高等教育规律体系? 让我们回到"高等教育是何种存在"去寻找求解之道和破题之法。高等教育是一个复杂的"关系系统"或"关系集合体"或"关系性存在",不同类型和层次的高等教育关系相互交织,构成了难解的高等教育密码群,而走进高等教育世界必须破译这组密码群。高等教育学应以不同类型和层次的高等教育关系为核心研究对象,揭示高等教育总体规律、高等教育一般规律(或基本规律)和高等教育特殊规律,建立具有强劲诊断力、解释力、改造力和预测力的高等教育规律体系,并以此为脊梁和支柱建立科学而完备的高等教育学理论体系,为高等教育的认识与行动提供一套可靠的思维框架、理论依据、基本原则和评判标准。

作为一个复杂的"关系系统"或"关系集合体"或"关系性存在",高等教育由不同类型、不同层次、不同支脉的高等教育关系构成。这些关系内在关联和相互交织,如同一条条水系、一座座群岛、一片片珊瑚、一串串葡萄,形成立体交互的高等教育关系网。就此而言,我们绝不能把高等教育当成一个"简单物体"来处理,必须把高等教育当成一个"关系系统"或"关系集合体"或"关系性存在"来研究:一方面要洞悉高等教育的"系统现象",另一方面要洞见高等教育的"关系现象",再一方面要洞察高等教育之系统与关系的"互动现象"。

高等教育在关系中"自成系统",也在关系中与其他系统"互成系统",

还在关系中"生成演化"。这是高等教育总体规律,亦是认识和改造高等教育的总则。从立体网络态的高等教育规律体系来看,高等教育总体规律处在高等教育规律体系的中心,向外依次为高等教育一般规律和高等教育特殊规律,形成立体网络态的圈层关系;作为一种高等教育规律的生成元,高等教育总体规律内含高等教育一般规律和高等教育特殊规律的本质规定性,并对高等教育一般规律和高等教育特殊规律具有统摄、规约和支配作用。从适用范围来看,高等教育总体规律是共通性的,高等教育一般规律是全局性的,高等教育特殊规律是局域性的,这意味着一切类型或层次的高等教育均不能违背高等教育总体规律,具体类型或具体层次的高等教育还不能违背高等教育一般规律和对应的高等教育特殊规律。

高等教育学以系统性地揭示高等教育总体规律、高等教育一般规律和高等教育特殊规律为根本的责任、使命和目标,以建立完整的高等教育规律体系为终极关怀,进而规约高等教育的思与行。这内在地根源于高等教育学意在揭示高等教育的"原理和规律"①,根源于高等教育规律是"本质的关系或本质之间的高等教育关系",根源于高等教育的"关系属性"。概而言之,高等教育总体规律、高等教育一般规律和高等教育特殊规律是"本质的或本质之间的高等教育关系";系统揭示不同类型、不同层次的高等教育规律,建立结构性的、体系性的和完整性的高等教育规律体系,是高等教育学的元点和回归点。遗憾的是,高等教育学迄今尚未建立起相对完备的高等教育规律体系,按高等教育规律办高等教育在很大程度上还是一种"理念"或"标语",即高等教育学必须探明不同类型、不同层次的高等教育规律的承诺尚未真正兑现,集中表现为:在高等教育一般规律(教育内外部关系规律)两端的延长线上,还存在高等教育总体规律和高等教育特殊规律的空场;高等教育一般规律(教育内外部关系规律)如同一根扁担,两头挑着两只"空箩筐"。实事求是地说,这种高等教育规律体系的不健全或不完备,既制约了高等教育学的"身份认同",也折损了高等教育学的"固有价值",还降低了高等教育学的"应有地位"。

---

① 卡西勒.启蒙哲学[M].顾伟铭,译.济南:山东人民出版社,1996:6.

　　高等教育规律拱顶高等教育学理论,高等教育规律体系支撑高等教育学理论体系,高等教育规律大厦成就高等教育学理论大厦。走进高等教育关系世界,破解高等教育关系密码,发现不同类型或层次的高等教育关系规律,对于高等教育学理论体系的构建、完善和发展,具有基础性、根本性和支柱性的意义与价值。因此,探明本质或本质之间的高等教育关系,建立结构完整的高等教育规律体系,并不断拓展、丰富和完善高等教育规律体系,既是高等教育学创立、建设和发展的首要任务,也是高等教育学的永恒追求。20世纪80年代初,潘懋元先生以唯物主义实践论和系统论为主要的理论和方法论,提出"教育内外部关系规律",奠定了高等教育学理论大厦的根基。教育内外部关系规律作为高等教育学的"奠基性理论"和"理论符号"①,呈现出了一种高等教育理论的"基础化追求"、高等教育学说的"普适化探寻"和高等教育学作为一个子学科的"元理化取向"②,为高等教育学学科群的创立、建设和发展奠定了基础、涂上了底色。张楚廷先生也特别重视教育规律研究,原创性地提出了潜在公理、动因公理、反身公理、美学公理和中介公理,并强调这五条教育公理是"最基础的、持久起作用的、相对稳定的教育规律","它们不仅未排斥其他规律,而且提供了基础,同时,它们又不能不是教育原则和方法要考虑的前提"③。毫无疑问,这五条教育公理也是一种可贵的"基础化追求""普适化探寻"和"元理化取向",意在为教育或高等教育的思与行提供一种可靠的终极关怀、理论依据、基本原则和评判标准。

　　高等教育规律是多类型、多层级、多族群的,总体上包括高等教育总体规律、高等教育一般规律和高等教育特殊规律"三大规律家族"。各高等教育规律家族分别具有各自的"家族相似性":高等教育总体规律具有上位性、总趋性和共通性,高等教育一般规律具有中位性、集合性和全局性,高等教育特殊规律具有下位性、不可数性和局域性;各高等教育规律家族拥有自己的"家族成员",诸如高等教育总体规律的整体生成规律、由低级向高级演化

---

　　①　邬大光.潘懋元:高等教育学的中国符号[J].高等教育研究,2020(7):1-12.

　　②　李枭鹰.教育内外部关系规律的提出、对话和源流[J].厦门大学学报(哲学社会科学版),2020(5):48-53.

　　③　张楚廷.教育哲学[M].北京:教育科学出版社,2006:220-221.

规律、整体有序而局部无序规律等,高等教育一般规律的教育外部关系规律、教育内部关系规律等,高等教育特殊规律的德育规律、课程规律、教学规律、学习规律、师生规律等。就适用范围而言,高等教育总体规律适用于一切类型或层次的高等教育以及所有的高等教育要素;高等教育一般规律诸如教育内外部关系规律适合从全局上对高等教育进行诊断、解释和预测;高等教育特殊规律适合从局部上对具体的高等教育进行诊断、解释和预测。

迄今为止,我们对高等教育总体规律和高等教育特殊规律研究不够,建立涵盖高等教育总体规律、高等教育一般规律和高等教育特殊规律的高等教育规律体系任重而道远。与此同时,我们还要对高等教育一般规律即教育内外部关系规律进行"横向铺开、纵向推进、立体裂变、前后相继和辩证回旋"的体系化研究,建立健全的高等教育规律体系,从整体上增强高等教育规律的诊断力、解释力、改造力、预测力以及高等教育规律体系自我规约、自我反思和自我批判的能力,从根本上提升高等教育规律体系的完备性,以支撑高等教育学的理论大厦,促进高等教育学科学化发展。这既是潘懋元先生的一贯主张和期望,也是他始终关心、重视和参与各种涉及教育内外部关系规律的交流对话的根本原因。

我们需要什么样的高等教育学,是一个复杂的理论命题,也是一个理想的终极关怀问题。鉴于高等教育是复杂的、动态的、发展的"关系系统"或"关系集合体"或"关系性存在",鉴于高等教育学以求"复合之是",我们可能还需要牛顿力学式的高等教育学,一定更需要相对论式的高等教育学;可能还需要静力学的高等教育学,一定更需要动力学的高等教育学;可能还需要构成论的高等教育学,一定更需要生成论的高等教育学;可能还需要形态学描述的高等教育学,一定更需要发生学分析的高等教育学;可能还需要还原论的高等教育学,一定更需要整体论的高等教育学;可能还需要实体论的高等教育学,一定更需要关系论的高等教育学。而建立这样的高等教育学,完成"对现行的高等教育学体系的一种脱胎换骨的学科再造",我们既要有思想,也要有方法,还要有智慧,诸如"历史理性的实践人学、怀特海的过程教育哲学以及钱学森的系统科学哲学"[1]的智慧。

---

① 杨杏芳."新钱学森主义"与"动力学的高等教育学"[J].教育研究与实验,2015(3):26-30.

第十讲
高等教育学建设路在何方

高等教育学脱胎于高等教育研究,生长于高等教育研究,发展于高等教育研究,升华于高等教育研究。从世界范围看,高等教育研究又或多或少具有一定的"国别或区域特征",因而高等教育学也或多或少具有一定的"国别或区域特征"。我国的高等教育研究以及高等教育学,扎根于具有中国历史与文化传统的中华大地,孕生于具有中国特色的高等教育土壤,因而具有并表现出鲜明的"中国特征":一是高等教育研究起初主要侧重于高等教育学的建立及其学科体系的构建;二是高等教育学建立之后,高等教育研究大体上沿着两条并行而又相互交叉的轨道发展,即以高等教育学建设为重点的理论研究与以我国高等教育改革与发展实际问题研究为重点的应用研究既并行又相互交叉。①

历经近四十年的建设与发展,我国的高等教育学形成了以高等教育学为主干的学科群,建立起了网络化的高等教育研究机构和规模庞大的学术共同体。但总体而言,高等教育学还是一门年轻的学科,或一门走在成熟道路上的学科,即高等教育学在成熟的路上,在成熟的途中。站在新的地平线上,我们需要百尺竿头更进一步,加强高等教育学元研究、高等教育学原理研究、高等教育学子学科建设研究和高等教育重大理论问题研究,着力于解决研究对象的深化与融合、基本原理的更新与充实、理论体系的改革与综合、研究方法的探索与创新等问题,增强高等教育学认识和改造高等教育实践的功能,提升高等教育学反省和批判高等教育理论、制度和政策的功能,建立科学完整的高等教育规律体系,提高高等教育学学科人才培养的质量

---

① 潘懋元.中国当代教育家文存(潘懋元卷)[M].上海:华东师范大学出版社,2006:3(代序).

与水平,兑现高等教育研究服务于立德树人的责任、使命和承诺。一言以蔽之,我们要致力于高等教育学之强本固基,推进其从幼稚走向成熟,增强其科学性、解释力和认可度,强化其人才培养的不可替代性。

一、增强高等教育学的认识与改造功能

理论源于实践,高于实践,指导实践,又回到实践中去接受检验。在该意义上说,一切理论的发现、发展和创新,在根本上不是为了理论本身,而是为了引领实践走出困境、突出重围和走上正轨;当实践遇到困境与迷惘而实践本身又不能解决时,理论必须先于实践而前行,为实践走出困境和迷惘提供新的思想、原则、视野、路径和方法;理论密切联系实际,与实践进行实质性对话,引领和指导实践,是理论孕育、诞生、存在和发展的最充分的理由,也是理论成立、应用和推广的最可靠的依据。

高等教育研究或高等教育学建设,不能囿于追求和满足纯粹的"闲逸好奇",还须着力于引领高等教育实践走出困境和迷惘,导引高等教育实践走上正道,预防高等教育实践脱轨而偏离正确航向。可以说,能否认识高等教育世界和指导高等教育实践,是判定高等教育理论科学与否以及到底有无创新品质和创新张力的重要标准。就高等教育研究而言,为了理论而理论,为了研究而研究,为了实践而实践,理论与实践犹如两条永不相交的轨道,各行其是而不顾及彼此,无疑是一种大忌。我们需要谋求求真与求用齐头并进,单纯的求真或求用不是高等教育研究的当有选择。

理论与实践螺旋相依,理论要联系实践,实践要符合理论。高等教育研究不能忽视高等教育实际问题,需要时刻关注变化着的高等教育实践所呈现出来的各种新问题,在发现与解决新问题的过程中总结新经验,发现和揭示新规律,不断推动高等教育理论发展,而不是一味地用现有的高等教育理论去解读高等教育政策、诠释高等教育制度和迎合高等教育实践。我们要不断地将高等教育理论运用到高等教育实践中,并在实践中检验,当发现高等教育理论成果的某些方面不能适应高等教育实践的需要时,要及时对其进行删减、补充、修正、完善乃至摒弃,使之更加接近高等教育的真理与实际,以规避高等教育理论本身之不足给高等教育实践带来负面影响,误导高

等教育实践陷入泥潭或脱离正轨。这是高等教育研究的社会责任，也是高等教育学的应有担当。

　　社会在进步，高等教育在发展。改革开放以来，我国的高等教育发生了翻天覆地的变化，有人用"大改革、大调整、大开放、大发展"来描绘这种变化，这符合客观事实。伴随高等教育的迅猛发展，高等教育领域也产生和暴露出了许多新问题，当中不少问题还是"两难问题"，这些问题需要科学的高等教育学来解释和回答，绝对不能用简单的"非此即彼"思维来处理，即需要我们采取"既要这样又要那样"的策略。比如，就大学而言，有学者就提出了这样的疑问：大学应坚守和捍卫经典的办学理念，还是根据外部变化不断调适自己的办学理念；大学应当尽量追求自治，还是密切联系国家需求；大学生应当被培育成复合型人才，还是被培训成专门技术人才；大学的教学内容要旁及博雅通识，还是锁定在单一的学科专业领域；大学应依凭科技发明，还是倚重人文底蕴；大学的重心在于培养学生，还是聚焦于教师发展科学研究；大学究竟以学生为中心，还是以教师为中心；大学应把权力交给学生，还是仍由教师掌控；教授地位取决于学术水准或教学水平，还是募集资金或筹措经费的能力；评价教师的核心指标是教学效果，还是科研成果；教师应像探究型的学究，还是管理型的知识"老板"；校长应做学术的楷模，还是掌控知识的官员；大学的氛围应当尽量超脱，还是鼓励功利；校园应当保持单纯而宁静，还是竭力营造活跃的氛围；大学的办学规模应当有所控制，还是尽量扩大；大学是一个有机社群，还是一个杂糅而成的知识集市；大学应该个性化或特色化发展，还是追逐同质化或趋同的一流或没有灵魂的卓越；等等。当然，也有一些问题不是"两难问题"，但也不好回答。比如，一所大学究竟应该设置多少个院系，到底应该按什么原则或标准来设置院系；一所大学究竟应该开设多少个专业，哪些专业应该设置或不该设置；一个专业究竟应该开设多少门课程，其中哪些课程所涵盖的知识最有价值；不同类型或层次的课程之间的比例关系如何；四年制本科究竟应该修多少学分合适；不同学科专业所修的学分是否应该存在差异，又应该存在怎样的差异……客观地说，这些问题还很难从现有的高等教育学或高等教育理论中找到令人信服或满意的答案。

　　高等教育学不应也不能回避现实问题,而应直面现实问题并给出恰切的解释,帮助高等教育实践者扫除认识上的障碍,并找出破解之法和解决之道。高等教育学因高等教育发展需要而孕育、诞生、存在和发展,倘若高等教育学根本不关注或不能直面高等教育实践中的真问题、真难题和真困惑,那么无论我们对高等教育学多么钟爱和多么执着,也无论高等教育学以何种看似科学和严谨的逻辑、术语、方法和概念体系为支撑,充其量也只属于描述性的、诠释性的和概念性的高等教育学,将无法应对鲜活的、现实的高等教育变化,即面对复杂的高等教育,要么无能为力,要么毫无用武之地。鉴于此,学界有这样一种声音,即主张建立"临床性高等教育学",可以对高等教育进行诊断,可以就高等教育"对症下药",可以为高等教育的建设、发展和革新开出"药方"。

二、提升高等教育学的反省与批判功能

　　学科存在一个孕育、诞生、发展和成熟的过程。一般而言,一个学科在成熟之前,往往缺乏自觉的反思意识,以及自我反省、质疑和批判的能力。经历一段时间的建设和发展后,一个学科才具备自我反思、自我批判和自我质疑的基础和条件,才会开始对学科本身进行自我反思、自我批判和自我质疑,诸如分析本学科的概念体系、话语体系、学术体系、学科体系,探寻本学科的元范畴、元理论和元方法,追求理想化或镜像化的自我……从我国高等教育学创建的时间来看,我们对高等教育研究成果进行系统梳理、科学总结和再研究的条件已经具备,时机已经相对成熟。此时,我们应该对高等教育学业已形成的理论进行自我反思、自我质疑和自我批判,进而揭示高等教育学的生发规律,规范和导引高等教育学的建设、发展和革新。

　　高等教育学通过自我的反省、质疑和批判,促进其从经验到科学、从稚嫩走向成熟,孕生繁荣的高等教育学或高等教育学科群。诚然,这种自我的反省、质疑和批判并非漫无边际、毫无指向和缺乏重点,而要聚焦于那些本位性或元性质的命题,诸如:高等教育学的学科定位、学科性质、学科边界;高等教育学的元范畴、元理论、元方法、概念体系、逻辑框架;高等教育学的学科来源、学科基础以及学科对象的内在联系、结构关系、运动规律、功能效

应;高等教育学的学科价值,高等教育研究的社会责任、历史使命和应有担当;高等教育学的研究方法体系,它包括哲学的原理方法、科学的原则方法、技术的模式方法、技巧的程式方法;高等教育学学科辖区的应用学科、历史学科、理论学科、比较学科、元学科的生发规律,以及这些学科之间的相互关系及其相互作用的方式、理路和机制。如果这些问题不能得到很好的解答,高等教育学圈内或圈外人士就难以认同其科学性和合法性,高等教育学就难以摆脱持续不断的困扰与烦恼,高等教育学作为学科的合法性或身份地位也难免遭受这样或那样的质疑甚或震荡。鉴于此,学界有这样一种声音,即主张建立"学术性高等教育学",并以此来整合和统领不同类型的高等教育学知识和多样化的高等教育研究成果。

三、建立完备的高等教育规律体系

探究共通性的总体规律,探索全局性的一般规律,探寻局域性的特殊规律,构建完备的规律体系,是人类进入文明社会以来的永恒追求,也是人类求知天性和本质力量的一种释放和证明。遵循规律且按规律行事,可以取得事半功倍的效果,至少可以少走弯路,或避免"脚踩西瓜皮,滑到哪儿算哪儿"的尴尬,这是人类寻求或探索规律的内在动力。

万事万物各有其规律,不同的领域存在不同的规律。从根本上看,不同学科是为了揭示不同领域的规律而诞生、存在和发展的,同时也因为揭示了相应领域的各种规律而获得合法存在的理由和资本。从一般意义上说,探究社会规律孕生了社会科学,探究人文规律孕生了人文科学,探究自然规律孕生了自然科学。这些学科不断分化而育出了无数的分支学科,不同的分支学科经由交叉、综合、渗透、融合等又生发了大量的横断学科、交叉学科和边缘学科。这意味并昭示着:规律是一条没有尽头的路,规律的探索与发现没有终点,任何学科对规律的探索永远在路上,每一个规律求索者也都在路上。这是规律的博大之处,也是规律的神秘之处,还是规律的魅力之处。

高等教育学是一门关于高等教育的学问,是一门研究高等教育问题或现象的学问,是一门探究高等教育关系之奥秘的学问,是一门以揭示高等教育规律为根本使命的学问。发现变动不居的高等教育现象世界背后的那个永恒不变的高等教育本质世界,揭开高等教育的神秘面纱,是高等教育学的神圣使命和终极关怀。作为一个最基本的高等教育理论问题,高等教育规律在高等教育学理论体系中占据着不言而喻的尊贵地位,可谓高等教育学或高等教育理论体系建构的"阿基米德支点"。正是因为如此,高等教育规律一开始就是高等教育学关注的焦点,也一直是高等教育学力图解决的关键,尽管对其进行研究令人"望而却步",抑或是让人觉得"高不可攀"。理性而逻辑地看,这种"望而却步"或"高不可攀",或许不是因为高等教育规律"高高在上",而是因为高等教育规律"身在低处",即高等教育规律本身作为一个最为基本、最为基础、最为本质的问题而存在。越是最为基本、最为基础、最为本质的问题,似乎越是熟视无睹和难以解密,而这类问题又往往至关重要,具有奠基性和根本性的意义。总而言之,高等教育规律是高等教育学理论的根本、核心和灵魂,高等教育学必须着力于系统性地揭示不同类型和不同层次的高等教育规律,以及各种类型或层次的高等教育规律的属性及它们之间的关系,以增强高等教育学的理论解释力和实践指导力。

四、构建理论体系与解决现实问题并行

高等教育学建设到底取道何方? 这是一个学科发展方向的问题,走偏了就无异于航船抛锚,而抛锚的航船走得越远,偏离目标就越远。我国的高等教育学自创建以来,总体上形成了"构建学科理论体系"和"解决高等教育现实问题"交叉并进的学科建设与发展模式。这是可见的、可感的历史事实,也是卓有成效的学科建设与发展模式,符合理论与实践相互作用且圈行环进的辩证法。尽管如此,高等教育学建设究竟应聚焦于"构建理论体系",还是该聚焦于"解决现实问题",依然是一个"公说公有理,婆说婆有理"的问题。譬如,陈洪捷教授认为,高等教育学作为一个跨学科的专业,"其存在的合法性应该更主要建立在其解决现实问题和对现实问题分析能力之上,而非其学科体系的完整或系统性之上"[①]。龚放教授认为,高等教育学科是"应用软科学","实用性""功利性"和"注重专业实践"是其学科特质,高等

---

① 陈洪捷.北大高等教育研究:学科发展与范式变迁[J].北京大学教育评论,2010(4):2-11.

教育学科建设必须放弃探寻、构建高等教育学理论体系,将研究解决重大现实问题作为首要任务。① 对此,童顺平持反对意见,强调我国的高等教育研究若放弃学科理论体系的探寻和构建是"逆势而行、自废武功、自束手脚和自我放逐"②。当然,我们相信没有人完全弃绝"构建理论体系"或"解决现实问题",采取极端式的言语方式大概是出于"矫枉必须过正"的考虑。

高等教育研究到底何去何从、指向何处,关键要看不同时空背景下高等教育学建设面临的主要矛盾是什么。如果高等教育学建设面临的主要矛盾是"理论体系的不完善",那么理当将探寻和构建高等教育学理论体系作为首要任务;如果高等教育学建设面临的主要矛盾是"解决重大现实问题的能力不足",那么理当将重大现实问题的解决作为首要任务。目前,高等教育学的合法性还在遭受质疑、身份认同存在危机,高等教育学依然存在理论体系不够完善、解决重大现实问题的能力有限等突出问题。易言之,高等教育学建设面临双重或多重挑战,而且任一方面似乎都不可耽搁,即构建理论体系与解决现实问题是高等教育学建设不可偏废的两个方面,二者需要统筹兼顾或齐头并进。首先,建构高等教育学理论体系是高等教育学寻找学科合法性的基础。高等教育研究需要着力于探讨高等教育学的学科属性、学科地位、学科边界、学科目标、学科范式、元范畴、元理论、元方法、研究对象、研究方法、研究内容,高等教育的本质、属性、规律、原则、结构、功能、价值、发展,以及大学的起源、本质、职能、学科、专业、课程、教学等,形成整体或综合解释力强劲的高等教育学理论体系。高等教育学理论体系的构建,既要遵循知识形态的高等教育学的孕生和发展规律,也要关照高等教育现实问题的解决,舍此而极有可能成为"屠龙之术"。其次,解决高等教育现实问题是高等教育学义不容辞的责任和使命。高等教育学必须具备解释和解决高等教育现实问题的能力,着力于解决高等教育现实问题是高等教育研究的正业和正道。毫无疑问,高等教育研究或实践始终存有一条逻辑主线贯穿

---

① 龚放.把握学科特性 选准研究方法——高等教育学科建设必须解决的两个问题[J].中国高教研究,2016(9):1-5.

② 童顺平.高等教育学科建设必须放弃理论体系吗?——与龚放教授商榷[J].中国高教研究,2017(2):4-8.

其中,那就是"发现问题—提出问题—争鸣问题—解决问题"①。当然,高等教育学不能凭空解决高等教育现实问题,必须有自己的理论武器,同时运用好自己的理论武器,如此才能做到可以作为、有所作为和有大作为。

理论联系实践,实践联系理论,两者螺旋相依且环回对话。理论在不断研究和解决现实问题的实践中发展,实践构成高等教育学理论建构的基础,同时为高等教育理论提供实验场和用武之地。建构高等教育学理论体系与解决高等教育现实问题作为两种聚焦点不同的学科建设取向,二者并非水火不容,更不存在解不开的"死结",完全"可以相互借鉴、平等对话"②。与此相反,"任何一种一元化的研究取向,采取体系内部的理论演绎或者不求理论建树的问题解决,都不利于'高等教育学'再学科化的进程,从而也不利于高等教育实践的发展"③。

五、全面提升高等教育学的人才培养质量

有为才有位,有位才有为。这是一种共识或经验,也是一种被反复证实了的可遵循的实践逻辑。一个学科能否拥有崇高的社会地位,能否成为受人尊敬的学科,在很大程度上取决于该学科人才培养的社会需要性、社会适应性和不可替代性。一个学科的人才培养是不是社会发展所需要的是一回事,而这种人才培养能否适应社会发展需要是另一回事,这种人才培养能否具有不可替代性又是一回事。一个学科若想获得人们的尊重和社会的认可,那么该学科的人才培养必须是社会发展所需要的,同时这种人才培养要有自己独特的规格和要求,一旦其人才培养达到了一定的规格和标准,就能很好地适应社会的发展需要。相反,如果一个学科的人才培养不是社会发展所需要的,而且这类人才培养又缺乏自己特有的标准,抑或说该学科的人才培养完全可以被其他学科培养的人才代替,那么这个学科就是可有可无

①　吴洪涛.以"问题"为逻辑导向的高等教育研究与实践——读《杨德广教育文选》有感[J].高教探索,2016(5):16-20.
②　潘懋元,陈兴德.依附、借鉴、创新?——中国高等教育学科建设之路[J].北京大学教育评论,2005(1):28-34.
③　付八军."高等教育学"再学科化三重奏[J].现代大学教育,2019(1):8-14.

的学科,自然也就很难成为受人尊重的学科。当下,一些专业性颇强的学科专业之所以有较高的社会认可度,关键在于其人才培养具有很强的社会需要性、社会适应性和不可替代性。

目前,我国高等教育学硕士点以及博士点数量已经过百,毕业生就业分布广泛,涉及各行各业,尤其是各高校的教育学院、教育研究院、教育科学学院、高等教育研究院、高教所、教务处、研究生处、科研处、发展规划处等部门拥有大量的高等教育学专业毕业的研究生,这些人在不同的岗位上发挥着重要的、不可估量的特殊作用。即使如此,高等教育学在我国很多高校的地位依然有些尴尬,或是一种学科布局上的点缀,或是少数人的安顿之所,或是离任领导或管理者的去处……只是在为数不多的高校拥有比较尊贵的地位,多数高校对高等教育学这个学科并不待见,很多教师对高等教育学这个学科不熟悉,甚至不知道有高等教育学这样一个学科。从根本上看,这与高等教育学的人才培养密切相关,也与高等教育学这个学科的专业性和成熟度有关。

为此,我们有必要对高等教育学的人才培养问题进行深刻反思和重新评估,诸如高等教育学的人才培养目标与规格要求是什么,高等教育学的人才培养是其他学科不可替代的吗,社会各界对高等教育学的人才培养满意吗,高等教育学的人才培养方案如何设计,高等教育学的人才培养究竟需要开设哪些课程,等等。就课程而言,一个学科专业究竟需要开设哪些课程?这些课程的质量以及它们之间的关系如何? 这些不仅关系到该学科人才培养的质量和水平,同时也关系到该学科人才培养的专业化水平。课程是人才培养的阿基米德支点,一个学科若不能提供系统而高质量的课程与教学,其人才培养质量和水平必然受损,其学科的合法性也必然遭到质疑。目前,我国各高校的高等教育学硕士点的课程设置,除了高等教育学、中外高等教育史、高等教育研究方法、高等教育管理学等课程的开设较为一致,其他课程的开设整体上带有较强的"因人设课"色彩,不成熟的或个性化的课程开设颇多。这从一个侧面反映出我国高等教育学的人才培养尚未形成相对统一的标准,课程设置随意性较大,不同的学位点遵循各自的人才培养标准,我们姑且称之为"各有特色"。

此外,高等教育学的招生很少有专业背景的限制,这也让不少人形成了一种高等教育学专业性不强的偏见,即认为这个学科的学习和研究没有门槛或门槛很低,只要愿意什么人都可以。当然,我们并不认可这种观点。事实上,高等教育学是一个非常开放的学科,这种开放一方面意味着容易进入这个学科,另一方面也意味着要学好这个学科极为不易,因为需要我们融会贯通多学科的知识。实践表明,吸纳不同学科专业背景的人员进入高等教育研究队伍,既有助于高等教育研究领域的拓展,也有助于高等教育研究的丰富,还有助于将多学科的理论和方法引入高等教育研究。但是,我们也要看到跨学科专业招生的局限性并克服这种局限性,高等教育学的人才培养一方面要设法发挥不同学科专业背景人员的跨学科优势,引导他们用自己所擅长之学科的理论与方法研究高等教育问题;另一方面要创新教学管理机制,抓好中期考核环节,将对高等教育学知识的系统掌握作为毕业论文开题的基本条件,以确保高等教育学人才培养的专业性,维护和捍卫高等教育学的合法性。

俗话说,打铁还需自身硬。高等教育学的合法性和尊贵地位需要我们自己去争取和捍卫。高等教育学的人才培养是一项复杂的系统工程,必须明确其人才培养目标和规格要求,探明其人才培养的最佳路径,合理设置课程和优化课程体系,改革教学方法手段,创新人才培养机制,切实提高人才培养的质量和水平。如若不然,无论我们的学科意识如何强烈,无论我们的学科立场如何坚定,无论我们的学科情感如何浓厚,无论我们采取何种手段捍卫高等教育学的学科地位或学科尊严,都不足以让高等教育学获得应有的或充分的尊重和认可。

六、高等教育研究要服务于立德树人

高等教育学脱胎于高等教育研究,生长于高等教育研究,发展于高等教育研究,升华于高等教育研究。一句话,没有高等教育研究就没有高等教育学,高等教育学是高等教育研究的产物。

高等教育学与高等教育研究具有终极关怀与理想彼岸的一致性,二者都是为了促进高等教育发展,为高等教育提供学理上的指导,进而为高层次专门人才的培养与创新服务。马克思认为哲学家们只是用不同方式解释世界,而问题在于改变世界。按照马克思的说法,高等教育研究首先是为了解释或认识高等教育世界,继而为了改变或改造高等教育世界,再而为了促进社会的发展和人的发展,而社会的发展最终又是为了人的发展。

　　站在历史的长河中看,人类创造的一切,在根本上是为了人自身。是人创造了人的世界,而人类创造世界的最终目的自然也是为了人自身。高等教育是人的伟大创造,人创造高等教育也是为了发展人自身。可以说,人是高等教育的原因和结果、元点和归宿、主体和客体、主题和核心、价值和尺度,没有人就没有高等教育的一切,也没有一切的高等教育;遮蔽了人,偏离了人,脱离了人,高等教育将失去最根本的合法性;高等教育必须紧紧围绕"培养什么人、怎样培养人、为谁培养人"而行动。这一切已经成为一种高等教育学常识。

　　高等教育研究意在走进神秘的高等教育世界,探明高等教育世界的奥秘,为高等教育的改革与发展服务,为高层次专门人才的培养提供理性思维和行动依据。国无德不兴,人无德不立。才为德之资,德为才之帅。高等教育的根本目的是教书育人,是立德树人,正所谓"千教万教教人求真,千学万学学做真人"。高等教育要促进学生为学与为人齐头并进,成为"明大德、守公德、严私德"与"专业能力创新拔尖"兼备的高层次专门人才,而不是缺乏德性和人性的单向度的人以及抽掉了脊梁骨的人。高等教育研究当形成有解释力和指导力的学术成果,促进高等教育改革、发展、进步和繁荣,全面服务于立德树人或教书育人,系统服务人的自由全面发展和全人类的解放。这是高等教育研究的终极关怀,也是高等教育研究的理想彼岸,更是高等教育研究的重要承诺。偏离了这种终极关怀和理想彼岸,背离了这种责任使命和重要承诺,高等教育研究终将成为"一棵不结果的树"甚或"一棵不开花的树"。当今我国之高等教育研究,存在构建理论体系与解决重大现实问题偏废的现象,高等教育学界已经意识到这个问题,但还需要警醒的是:无论是构建理论体系还是解决重大现实问题,高等教育研究都不能眼里或心中没有人,不能偏离或脱离服务于立德树人的航向和坐标。

　　首先,加强高等教育人学研究。教育从人而来,向人而去,与人同转。

"一切教育以人的成长和发展为自身的责任和使命,因而教育必须根基于对人的认识和发现。"①换言之,人是一切教育生发的逻辑前提,而"人是什么"是一切教育研究需要探明的第一问题。无论是立德还是树人,前提都是认识人、理解人、发现人、尊重人和珍视人,否则,就无法真正做到眼中有人和心中有人,而眼中无人和心中无人的高等教育,必然是无爱的高等教育、无根的高等教育、无智慧的高等教育、没有方向的高等教育和不能释放人的本质力量的高等教育。② 可以说,人是高等教育的价值所在,是高等教育的认识论起点和实践论终点,是高等教育研究生发的出发点和归宿。换而言之,人为什么需要高等教育,人为什么可以接受高等教育,人怎样接受高等教育,这些都要从人说起。一直以来,高等教育研究有些怠慢对人的研究,在以高等教育学为主干的高等教育各子学科群蓬勃发展的今天,"高等教育人学"似乎还未被唤醒。高等教育需要高等教育人学,当下的高等教育研究需要全面汲取哲学、心理学、生理学、医学、脑科学、神经科学、社会学、政治学、管理学、伦理学等学科的人学思想,生成可以解释和指导高等教育行动的高等教育人学,全面服务于高等学校的立德树人。2019 年 5 月 19 日,厦门大学邬大光教授在《高等教育研究与高等教育学科建设——兼论高等教育研究为谁服务》的学术报告中如此强调:高等教育研究必须提升服务能力,必须增强理论研究的科学性。而要达到这一目的,必须解决好以下问题:一是如何把成熟学科的理论运用到高等教育研究中来;二是如何把成熟的理论运用到不成熟的实践中来;三是用成熟学科的方法提升高等教育研究的成熟性;四是不应该满足于没有实践基础或事实基础不足的理论,也不应该满足于不能清楚地说明理论框架的理论。总体而言,这种见地是对症的、独到的和深刻的。当然,高等教育研究不能只有借鉴,还必须立足于高等教育的特殊性而夯实自身的理论底座,立足于高等教育的复杂性而架构自身的四梁八柱,高等教育人学无疑是最重要的理论底座和四梁八柱之一。总之,高等教育研究不能因"人学空场"而失去正确的航向,高等教育制度和政策不

① 李枭鹰.高等教育关系论[M].北京:中国社会科学出版社,2017:106.
② 李枭鹰.高等教育哲学论[M].北京:中国社会科学出版社,2019:53-54.

能因"人空场"而异化为人自由全面发展的羁绊,高等教育不欢迎一切形态的"伪人本化现象"或"人本化伪似现象"。

其次,加强高等学校德育研究。过去,我们对高等学校德育研究得不够,迄今呈现的研究主要聚焦于"中小学校德育研究"①,给人一种德育是中小学校之责任的错觉。事实上,德育不是一种阶段性教育,也不是一次性教育,而是贯穿于整个教育链条的教育,是典型的终身教育。与中小学校一样,高等学校也承载德育的责任和使命。高等学校不只是教人"成才"和教人"成事",还包括教人"成人"。成人、成才和成事在系统关联中完成,每一个人都是在成事中成人和成才,同时又是在成人和成才中成事,成人、成才、成事在根本上是"你中有我,我中有你"的,理当浑然一体。高等教育研究非常有必要探究成人、成才和成事各自的规律以及三者的整体生成规律,引领高等学校德育走出"知识即德性,无知即罪恶"的知识论窠臼,指导大学生在行动中或生活中陶铸自己的品行和德性,帮助大学生将"学会自律"和增强"道德外烁力"②有机统一起来。

再次,加强高等学校资源优势转化为人才培养优势研究。立德树人是高等学校的根本任务,学校的学科优势、师资优势、科研优势、平台优势等必须转化为人才培养优势,否则,这种优势只是一种摆设或装饰,隐含在其间的求真、求善、求美也只不过是一种形式或口号。为此,需要高等教育研究落实《教育部关于加强新时代教育科学研究工作的意见》提出的"增强科研成果转化意识,引导鼓励开展政策咨询类、舆论引导类、实践应用类研究,推动教育科研成果转化为教案、决策、制度和舆论",解决理论困惑、制度设计、机制构建、组织保障、实现路径等问题,攻克"高等学校资源优势转化为人才培养优势"这一堡垒。

最后,加强高等教育"应然之是"研究。一切学科或研究皆有"求是"的责任和使命,只是不同学科或研究所求之"是"的彼岸不同而已。当代中国生态美学家袁鼎生教授认为,"科学学科,含一切自然科学与社会科学,探求

---

① 李科.近十年我国德育研究概况分析——基于 CNKI(2002—2011 年)的统计[J].现代教育管理,2013(11):96-100.

② 傅维利.道德外烁的时代价值及教育策略[J].教育研究,2017(08):32-42.

世界的本然之是。人文学科,在本然之是的基础上,求索应然之是,有浓郁的希冀与理想的意味,有造梦的色彩。管理学科,遵循本然之是和应然之是,追求必须之是,形成了以规律和理想为依据的规范、规则、规定、规章、规程、制度、条例系统。技术学科,遵照本然之是,统筹兼顾应然之是和须然之是,探求了最佳之是。在技术学科的各种方案与模型中,最后选定者,最具精然之是,当是各种价值与效能的最佳中和,最优集合。哲学学科,汇通上述诸学科之是,提升上述诸是,成统然之是,进而成通然之是,最后成超然之是"①。高等教育学兼具自然科学、社会科学和人文科学的属性,不同类型或层次的高等教育研究,聚焦于"不同之是"的探寻,综合起来就是"复合之是",这是高等教育研究需要恪守的"健康法则"。但是,鉴于高等教育的"属人性""为人性"和"育人性",无论什么类型或层次的高等教育研究,都不该忽视或缺失对高等教育"应然之是"的探寻,必须探明每一项研究背后潜藏的责任使命、行为准则和终极关怀,必须兑现服务于教书育人和立德树人的重要承诺。

---

① 袁鼎生,袁开源.范式整生论[M].北京:科学出版社,2021:2.

第十一讲
教育内外部关系规律的提出、对话、源流和反思

教育内外部关系规律是高等教育研究的重要成果,是高等教育学理论的重要标志,是高等教育学理论体系构建的重要基石,是中国高等教育学的"理论符号"①。教育内外部关系规律"提出"②近四十年来,一直是高等教育学界关注的焦点,与之相关的研究、讨论、交流和对话相当丰硕,其中不乏真知灼见,但也存在这样或那样的误读,这些误读不少与教育内外部关系规律的提出、对话和源流内在关联。鉴于此,我们有必要阐明教育内外部关系规律的提出背景、运用法则和适用范围,廓清教育内外部关系规律交流对话的议题、焦点、立场和观点,辨明教育内外部关系规律的理论源流,亮明我们对教育内外部关系规律的反思。

一、教育内外部关系规律的应时提出

寻求统摄性的总体规律,探索普适性的一般规律,找寻局域性的特殊规律,建立系统性的规律谱系,是人类进入文明社会以来的不懈追求,也是人类求知天性和本质力量的一种释放和证明。尊重规律且按规律行事,可以事半功倍,至少可以少走弯路,抑或避免"脚踩西瓜皮,滑到哪儿算哪儿"的尴尬,这是人类寻求或探索规律的内在动力和根本原因。

---

① 邬大光.潘懋元:高等教育学的中国符号[J].高等教育研究,2020(7):1-12.

② 潘懋元先生说:"教育两条基本规律的名称是我首先提出的,但这两条基本规律并不是我所发现的。许多教育理论专著或教科书,对这两条规律的内涵已有所阐述和论证。但一般只从社会与环境对教育的制约性和教育对学生成长的主导作用来揭示教育基本规律的内涵,没有把两者作为基本规律进行明确的界定,在内涵的论述上也不够全面。"(潘懋元.实践—理论—应用:潘懋元口述史[M].郑宏,整理.武汉:华中科技大学出版社,2019:36)

万事万物各有其规律,不同的领域存在不同类型或层次的规律,不同的学科为了揭示不同领域的规律而诞生、存在和发展,同时也因为揭示了相应领域的各种规律而获得合法存在的理由和资本。大致说来,探究并揭示社会规律而形成了社会科学,探究并揭示人文规律而形成了人文科学,探究并揭示自然规律而形成了自然科学,并由此而获得各自的合法性;社会科学、人文科学和自然科学以知识生产和知识创新为基础,不断分化出众多的分支学科,不同的分支学科经由交叉、渗透、融合等又产生大量的交叉学科、边缘学科和横断学科,这些形形色色的学科又分别用不同的语言揭示、描绘和刻画不同领域的规律世界。

每一个学科都有自己独特的研究对象,即指向相应的研究领域,否则,它就没有内在的合法性或无法成为一个真正意义上的学科。在该意义上,探寻并揭示相应领域的一般规律是每一个学科的责任,也是每一个学科的目标,还是每一个学科成熟的标志。高等教育学是一门关于高等教育的学问,即一门通过研究高等教育问题和高等教育现象,致力于揭示高等教育规律的学问。这意味着,高等教育规律在高等教育学理论体系中占有无可争议的尊贵地位,可谓高等教育学理论体系建构的"玄武石"或"拱顶石"。鉴于此,在高等教育学创建之初,作为我国高等教育学的创始人和奠基人,潘懋元先生丝毫不敢怠慢对高等教育规律的探究。20世纪80年代初,基于对高等教育独特的研究对象、大学生身心发展的特殊性以及对大学生成长发展规律、高等学校教育教学规律的把握,潘懋元先生认为有必要建立一种有别于普通教育学的高等学校教育学(亦即高等教育学),以指导高等学校的教育教学或高等教育实践。源于这种强烈的责任感、义务感和使命感,潘懋元先生以唯物主义实践论和系统论为理论依据,吸纳、丰富和完善了普通教育学关于教育与人的发展、教育与社会发展的研究成果,创造性地提出"教育内外部关系规律",为中国高等教育学的创建打下了"底座",为中国高等教育学理论体系的建立架起了"脊梁",为中国高等教育研究扎下了"地基"。潘懋元先生认为,在诸多的教育规律中,有两条规律最为基本:一条是关于教育与社会发展关系的规律,称为"教育外部关系规律",简称"教育外部规律";一条是关于教育和人的发展关系的规律,称为"教育内部关系规律"，简称"教育内部规律"。① 过去，普通教育学发现并揭示了教育与人的发展、教育与社会发展之间的关系，但没有将"教育与社会发展关系的规律"和"教育与人的发展关系的规律"界定或确证为两条"教育基本规律"，而这正是潘懋元先生对高等教育学最重要的理论贡献。

教育内外部关系规律是辩证统一和共同起作用的，这是教育内外部关系规律的"运用法则"。理解和运用教育内外部关系规律，不能忽视这种辩证统一和运用法则，必须谨记"教育外部关系规律制约着教育内部关系规律的作用，但教育外部关系规律也只能通过内部关系规律来实现"，必须把握"教育内外部关系规律是联合起作用而非孤立起作用的"，否则，就容易"滋生对教育内外部关系规律的断章取义或误解"。② 前车可鉴，有学者孤立地、片面地理解教育内外部关系规律，简单地将教育内外部关系规律看成一种片面的或单向度的"适应论"，并认为这种"适应论"一方面颠倒了认知理性与各种实践理性的关系，试图用工具理性、政治理性和传统的"实践理性"等取代认知理性在教学和科研中的核心地位，使国内高等教育难以走上正常发展的轨道；另一方面，它在选择某种实践理性为主导的时候，又不惜压制其他各种实践理性的发展，以至于在高等教育的各种目标之间、不同的目标与手段之间，造成了极大的矛盾和冲突。③ 我们姑且不论"教育内外部关系规律到底是不是一种适应论"，单就认知理性与实践理性之间的复杂关系，也恐怕并非"一言两语就可以了结"。众所周知，我国人民教育家陶行知，曾纠结于到底是"行先知后"还是"知先行后"，最后坚信"知行合一"而走向辩证统一。德国古典哲学创始人康德，费尽心血试图调和理性主义（唯理论）与经验主义（经验论），然而在反思和批判纯粹理性和实践理性之后，警示世人"并非人有两个理性，而是只有一个理性"④。从根本上看，人是人文理性、科学理性、道德理性、价值理性、实践理性等各种理性的复合体，是理性与非理性的复合体，发展人的多重理性是一切教育的应有之义，这是一

---

① 潘懋元.新编高等教育学[M].北京:北京师范大学出版社,1996:12-14.

② 李枭鹰.高等教育关系论[M].北京:中国社会科学出版社,2017:69.

③ 展立新,陈学飞.理性的视角:走出高等教育"适应论"的历史误区[J].北京大学教育评论,2013(1):95-125,192.

④ 傅佩荣.哲学与人生(第二卷)[M].北京:东方出版社,2013:199.

种基本常识或共识。教育作为一种培养人的社会实践活动,绝对不能陷入任何单一理性的泥淖,这正是教育要适应人的全面发展需要的真谛所在,也是教育内部关系规律的要义。就教育而言,用任何一种理性取代其他理性是极为不理性的,将任何一种理性凌驾于其他理性之上也是极为不理性的。20世纪的一些西方哲学流派诸如后现代主义,对现代理性进行了深刻反思,并告诉我们任何一种单一的理性追求都会诱发单向度的教育和培养出单向度的人。

教育内外部关系规律自提出以来,深受高等教育实践工作者的认同和欢迎,经受住了高等教育实践的反复检验,绝非那种好看而不好用的"屠龙之术"。近四十年来,我国高等教育经历了大改革、大开放、大发展和大提高,与之相随出现过许多的新现象、新问题和新探索,潘懋元先生作为我国高等教育改革发展的亲历者、参与者、组织者、实施者、推动者、见证者和研究者,与许多高等教育界人士以及高等教育管理部门,灵活运用教育内外部关系规律,适时地诠释了高等教育领域的这些新现象、新探索,较好地解决了高等教育领域的这些新问题,检验了教育内外部关系规律的诊断力、解释力、改造力和预测力,彰显了教育内外部关系规律的理论意义和实践价值,有力地证明了教育内外部关系规律的科学性。当然,任何一种真正的理论都存在自身的不完备性或可证伪性,教育内外部关系规律(理论)也不例外,这意味着教育内外部关系规律理论是开放的、可发展的和可丰富的。

二、教育内外部关系规律的交流对话

理论是理论的源泉或土壤,以理论浇灌或滋养理论是重要的理论生发机制。难怪黑格尔强调,"哲学史就是哲学"或"哲学就是哲学史",即后面的哲学是前面的哲学浇灌或滋养出来的,这其间蕴含着一种深刻的"交流对话"。理论在交流对话中完善、丰富和繁荣,这是理论演化的历史生态,也是理论发展的基本规律。一句话,不同理论之间需要交流,需要对话,需要切磋论难。

教育内外部关系规律是经过实践和时间检验了的具有强有力的诊断力、解释力、改造力和预测力的教育理论,但并非教育学界的每个人都认可教育内外部关系规律，懂得教育内外部关系规律的理论意义与实践价值。这是正常的学术现象——任何理论都会面临这样的境遇，因为每个人都往往从各自的立场、观点、态度出发，采信自己偏爱或习惯的理论和方法论，认同并秉持不同的教育规律观和教育规律分类标准。对于一切理论或学说或流派，我们要有"万物并育而不相害，道并行而不相悖"的学术信念，要有"各美其美，美美与共"的学术胸襟，要有"一枝独秀不是春，百花齐放春满园"的学术格局。

　　教育内外部关系规律提出至今，经历过三次较大的"交流对话"，与之对应的"议题"依次为：(1)教育规律用"内部"和"外部"来表述是否合理；(2)教育及其过程是否存在规律；(3)教育内外部关系规律是否为一种适应论。① 关于第一次、第三次"交流对话"，李枭鹰在《中国高教研究》2016年第11期刊发的《高等教育内外部关系规律的元研究》一文中已作较详细的阐发，在本讲的其他地方也讨论了，这里仅补充第二次"交流对话"，以免重复累赘。关于第二次"交流对话"，国外学者狄尔泰、李凯尔特、韦伯等只承认自然领域才存在一般的东西，否认包括教育规律在内的社会规律的客观性，像比较教育学专家英国伦敦大学教授埃德蒙·金直言"社会科学的规律性(包括教育规律)只不过是符合一定时间空间的一般化和假说"，"我们不能再依赖马克思主义或其他统计得出的'规律'，不能只看到一种'规律'，也不能试图通过一套'规律'来预测人类行为的未来演变"②，否认有支配社会和教育行为的经济学规律和社会学规律。20世纪90年代中叶以来，国内学者毛亚庆、石中英、陈向明、唐莹等从不同的角度或方面对本质主义的知识观和认识路线进行了反思、质疑和批判，在很大程度上抛弃了传统教育学研究所信奉的本质、规律、真理以及体现其中的确定性思想。③ 这些研究虽未直接指向或针对教育内外部关系规律，却是反本质或反规律主义的，实乃一种对教育内外部关系规律的"变相否定"，因为它们在根本上否定了教

---

① 唐德海.科学理解教育内外部关系规律——兼评李枭鹰教授的《高等教育关系论》[J].大学教育科学,2019(2):2.

② E.King. Comparative Studies and Educational Decision[M].Lodon：Routledge,2012:15.

③ 石中英.本质主义、反本质主义与中国教育学研究[J].教育研究,2004(1):11-20.

育规律的客观性。对此,唐德海、李枭鹰撰文《论教育规律与似规律现象》进行了辩驳,认为教育兼具确定性与不确定性、必然性与或然性,绝对不能因教育之不确定性、或然性的存在而否定教育规律的客观性,只不过教育规律是一种"统计性规律"而非一种"确定性规律"①,即教育规律表征为一种教育发展趋势,而非教育运行发展的具体轨迹。

学术的交流对话或切磋论难,必须恪守"持之有故,言之成理,论之有道"的原则,尤其不能曲解对方或文本的本意。唐德海认为,"全面准确地认读并领悟教育内外部关系规律及其科学性",必须坚持"学理逻辑"与"实践逻辑"齐头并进和辩证统一,单从学理逻辑或实践逻辑来理解教育内外部关系规律是不全面的和不辩证的,要么认识不到教育内外部关系规律的理论价值,要么看不到教育内外部关系规律的实践价值。具体而言,我们一方面要洞见教育内外部关系规律作为一种理论或学说的诊断力、解释力、改造力和预测力,并确证"潘懋元先生是我国教育理论界最早自觉地运用辩证逻辑方法研究教育规律的学者之一,'教育的内部规律,教育的外部规律'的观点则是我国教育理论界运用辩证逻辑方法研究教育规律获得的最早也是最重要的成果之一"②;另一方面,要恪守"实践是检验真理的唯一标准",坚持在高等教育实践中检验教育内外部规律的诊断力、解释力、改造力和预测力,同时避免成为纯粹的、极端的"实践逻辑"主义者。长期以来,关于教育内外部关系规律的"交流对话"主要聚焦于学理层面,相对忽视实践层面的"交流对话",这违背了"理论与实践相互检验"以及"理论与实践螺旋相依"的基本法则。

教育内外部关系规律属于"无形世界",但它绝非书斋里的"拍脑之作"。潘懋元先生以唯物主义实践论和系统论为理论依据,聚焦于教育的内部关系和外部关系,立足于社会与人、教育与人、教育与社会的相互作用或三角互动,提出的教育内外部关系规律经得起理性的雄辩、逻辑的推敲和实

---

① 唐德海,李枭鹰.论教育规律与似规律现象[J].华东师范大学学报(教育科学版),2007(2):8-13,52.

② 程少堂.再论"教育的内部规律,教育的外部规律"说[J].高等教育研究,1995(4):20-26,55.

践的检验。作为一种可丰富、可发展、可深化、可完善、可对话的高等教育理论，教育内外部关系规律不是僵化的教条和定论，从不同的入口走进教育内外部关系规律的理论世界，可以体悟到不同的弦外之音和意外之旨。譬如，从系统科学的视角看，高等教育"既是一种'自成系统'的存在，又是一种与其他事物'互成系统'的存在。亦即说，高等教育是一个复杂的'关系集合体'，是一个具有典型的关系属性的'关系系统'。这集中表现为：高等教育是一种关系的存在，同时又处在复杂的关系网络之中；高等教育在关系中孕育，同时又不断孕育新的关系；高等教育在关系中诞生、存续和发展，又在关系中反作用于一切作用于它的事物"①。这种论说实乃对教育内外部关系规律的"元研究"，可以从根本上论证教育内外部关系规律的科学性，即"自成系统"决定了教育内部关系规律的客观性，"互成系统"决定了教育外部关系的客观性。

对话不止是为了对话，"为对话而对话"就会折损对话的意义。对话是为了走进对话，走进对话是为了走出对话，走出对话是为了走进对话外面的广袤世界，用一句话来说，就是"入乎其中，出乎其外，超乎其上"。走出教育内外部关系规律的对话，走进广域的人类文明世界，可以求得更广域、更深刻、更立体的"若有所思""若有所感"和"若有所悟"。第一，理论具有假说性，解释同一现象的理论经常有多种，而不是唯一的。在新的难以解释的例外现象出现之前，我们可以将业已存在的某些理论视为权威的"科学性理论"。第二，理论具有研究纲领性或方法论性或范式性，集中表征一种思维原则或思维程序，而非一种具体的操作步骤。一切理论都存在未解决的问题、未消化的反常和未穷尽的个案，这为理论的完善、丰富和拓展提供了必要、可能和空间。第三，理论是一种特殊的知识系统，而成熟的理论一般包括经验层次、理论层次和元理论层次的陈述，因而不宜用单一的、简单的、绝对的标准对一种理论进行科学或伪科学的定性或划界，况且，从古至今的所有理论并非都是由已经证明了的或绝对真的知识组成，其中往往包含有猜测、假设以及种种并不绝对真的信念。鉴于此，考察包括教育内外部关系规

---

① 李枭鹰.高等教育关系论[M].北京:中国社会科学出版社,2017:21-22.

律在内的各种教育规律学说的科学性，一方面要立足于这些学说的"假说性"和"研究纲领性"，另一方面要客观地将这些学说置于整个教育科学理论体系之中去审视其"层次位格"和"理论贡献"。

三、教育内外部关系规律的理论源流

水一源万流，源深则流远。教育内外部关系规律不是无源之水，也不是封冻之流。教育内外部关系规律从唯物主义实践论和系统论而来，向高等教育理论和方法论而去，与高等教育学共生共振。追溯教育内外部关系规律的理论之源，可见教育内外部关系规律与唯物主义实践论一脉相承，可知教育内外部关系规律实乃系统论在高等教育领域的经典运用，可晓高等教育关系是打开高等教育世界大门的金钥匙。探究教育内外部关系规律的理论之流，可见高等教育学理论生发的元点，可知高等教育学理论体系的建构根基于人、教育、社会三者之间的双向互动关系，可晓高等教育关系是高等教育学范畴体系中最基本的范畴，即高等教育关系作为高等教育学元范畴，贯穿于整个高等教育学理论体系，构成高等教育学理论体系的中枢。据此而论，廓清教育内外部关系规律的理论源流，阐明高等教育关系的存在论意义、价值论意义、认识论意义、方法论意义和目的论意义，对高等教育学学科建设有着返本开新的特殊意义。

（一）高等教育关系是"存在原因—存在范型—存在场域"的联合体

作为一种"存在原因"，高等教育关系对高等教育具有发动、牵引、维持和再生的作用；作为一种"存在范型"，高等教育关系与高等教育伴生同出、相互规定、相互寄生；作为一种"存在场域"，高等教育关系是高等教育的生境，它与高等教育相互作用、相互反馈、相互适应，共成高等教育生态。这三种形态的高等教育关系交互作用，形成"存在原因—存在范型—存在场域"三联式复合结构，构成理解、论证、反思、透视教育内外部关系规律的本体论前提。这意味着探寻教育内外部关系规律，必须探寻高等教育关系作为"存在原因"的规律、作为"存在范型"的规律以及作为"存在场域"的规律。

作为一种关系集合体，作为一种关系系统，作为一种关系性存在，高等

教育又身处复杂的高等教育关系之中。这集中表征为：一方面，高等教育作为一种特殊的结构性系统而存在，即高等教育在关系中"自成系统"；另一方面，高等教育与外部其他系统总是处在关联互动之中，即高等教育在关系中与外部其他系统"互成系统"；再一方面，高等教育因关系而孕育、诞生、存在和发展，即高等教育在关系中"生成演化"。正因为如此，高等教育在关系中是自主的，同时又是依赖的；离开了高等教育的内部关系和外部关系，高等教育就不能成其为高等教育；从内部关系考察高等教育是根本的，从外部关系考察高等教育是重要的，单纯从内部关系或外部关系考察高等教育皆无法形成完整的、综合的和辩证的高等教育认知。

高等教育研究者经常从结构和功能两个维度去理解高等教育系统。从本质上看，高等教育结构属于高等教育内部关系，且在高等教育内部关系协调中得以优化；高等教育功能属于高等教育外部关系，且在高等教育外部关系中释放和体现；高等教育结构是否优化，高等教育功能是否耦合，共同构成高等教育系统发达与否的重要条件和判定依据。

（二）高等教育价值是一种关系范畴且在高等教育关系中释放

从某种意义上说，价值是一种关系范畴。作为一种高等教育关系范畴，高等教育价值集中表征为高等教育主体与高等教育客体之间的相互关系。亦即说，高等教育价值是高等教育主体与高等教育客体在相互关系或相互作用中释放出来的功用。譬如，高等教育与政治相互作用释放出政治价值，与经济相互作用释放出经济价值，与文化相互作用释放出文化价值，与个体相互作用释放出个体价值。高等教育价值的释放，离不开特定的高等教育关系，离不开高等教育主体与高等教育客体之间的相互作用。

高等教育价值是多元的、体系性的和生成性的，在不同的时空背景下到底释放出什么价值、怎么样的价值以及这些价值以什么样的方式存在，一方面取决于高等教育主体与什么样的高等教育客体相互作用，另一方面取决于高等教育主体与高等教育客体相互作用的条件、方式、过程和环境。正因为如此，高等教育价值总是表现出这样或那样的阶段性特征和区域性特征，统称为"时空特征"。

（三）高等教育关系是考察高等教育的元点和回归点

认识是什么，认识从哪里开始，认识源自哪里？这在不同的学科有不同的回答，即使在同一学科的不同理论视域下也存在不尽一致的答案。系统科学认为，对象的实体、属性和关系是密不可分的，三者共生同在，并共同构成认识对象的三大基本范畴。其中，实体是对象的存在样态，属性是对象的性质和对象之间关系的统称，关系是对象内部或对象之间的相互作用。从本体论上看，"实体"规定"属性"，"属性"又规定"关系"。若从认识论上看，"实体""属性"和"关系"三者之间的关系则要反过来，即"实体"要通过"属性"来认识，而"属性"又要通过"关系"来认识。

由上可知，关系是考察事物或对象的认识论起点，即不认识事物的关系就无法认识事物的属性，不认识事物的属性就无法认识事物的实体。这具有认识论和方法论的意义，适用于考察高等教育。也就是说，只有认识了高等教育关系，才能认识高等教育属性；只有认识了高等教育属性，才能认识高等教育实体；高等教育实体、高等教育属性一方面在高等教育关系中显现，另一方面也只能在高等教育关系中被刻画、被描绘、被定义和被认知。站在历史的长河中看，作为一种特殊的关系系统或关系集合体或关系性存在，高等教育在关系中孕生，在关系中存在，在关系中发展，在关系中壮大，在关系中繁荣，集中表征为高等教育在关系中不断从一元到多元、从简单到复杂、从低级到高级，从一种"多样性的统一"过渡到另一种"多样性的统一"，完成高等教育关系的一次又一次"广义迭代"。这意味着高等教育一方面在关系中完成自我发展，另一方面也在关系中反作用于自身的周围世界；同时也意味着不深入高等教育关系世界，不揭开高等教育关系的奥秘，就无法知晓高等教育生发的原因和原理，就无法洞悉复杂的高等教育世界。

既然高等教育是一个关系系统或关系集合体或关系性存在，那么从高等教育内外部关系去考察高等教育就是一种可靠的、可取的和可行的方法，尤其是从高等教育内部关系去考察高等教育。鉴于此，对于高等教育的考察，我们有必要关注高等教育内部各要素之间的互动，各高等教育子系统之间的互动，各高等教育类型之间的互动，各高等教育层次之间的互动，高等教育的部分与整体之间的互动，以及高等教育与环境之间的互动，进而揭示高等教育内外部关系规律以及高等教育内外部关系的互动规律。

（四）教育内外部关系规律呈现了关系思维，具有特殊的理论和方法论意义

系统思想(或系统思维)是系统论的精髓,而关系思维(或系统思维)又是系统思想(或系统思维)的精髓。教育内外部关系规律一方面根基于系统论或关系思维,另一方面因本身蕴含着系统思想或关系思维而具有特殊的理论和方法论意义。长期以来,我们在自觉或不自觉地运用关系思维,也在自觉或不自觉地运用教育内外部关系规律,分析、衡量和判定各种高等教育理论、高等教育政策和高等教育实践的科学性或合理性;只是自觉者对二者进行了论证和考察,不自觉者对二者未经论证和考察。毫不夸张地说,运用关系思维研究高等教育,眼下已是高等教育学界或高等教育研究领域的常态,各种范型的高等教育研究不同程度地彰显了学术研究的关系思维性和关系规定性,各种高等教育研究成果也集中表现为学术思想、学术逻辑、学术语言等要件的相互关系。

广而论之,基于高等教育是一个特殊的关系系统或关系集合体或关系性存在,以关系思维为方法论或思维工具,立足于高等教育的内外部关系,探究高等教育的本质、属性、规律、原则、结构、功能、内容、过程、方法等基本理论问题,建构高等教育学理论体系,既是一种务本和扎根的高等教育研究,也是一条有为之路、可为之路和当为之路。

（五）教育内外部关系规律印证了关系对于学科理论构建、完善和发展的基础性意义，呈现了高等教育关系所具有的高等教育学理论建设的元点性

关系是事物的关系,事物是关系的事物,没有孤立的事物和关系,也不存在相互绝缘或割裂的事物和关系。事物是生成的,关系也是生成的。事物与关系在系统中整体生成,同时也是在系统中整体生成的整体。

一事物的生成,必定伴生某种关系的生成;一事物一旦生成,就必然也同时生成了某种内外部关系,否则它就不能成其为一事物。与此同时,一事物一旦生成,它便即时地生成了某种新的内外部关系,即一事物在改变自己的同时,也在改变它的外部关系。从这个意义上说,一事物的生成过程,是

一事物内外部关系的生成过程,也是一事物内外部关系的变化过程。

事物与关系具有内在的统一性,关系生成事物的本质,规约事物的本质,提升事物的本质,发展事物的本质。[①] 在物质世界里,事物的秘密在于事物的结构:即事物的结构决定事物的本质,并呈现事物的本质;事物的结构发生改变,事物的本质也会随之改变;而结构在本质上就是事物的内部关系,即事物由哪些要素构成以及这些要素之间的比例关系和排列关系。

关系无处不在,无时不在;关系存在于一切之中,又包围了一切,还作用于一切;关系以自身的存在、包围和作用于一切的气度和胸怀,强劲地表现出自身的生命力量和生发意义。由此足见,关系是一个非常基本的范畴,也是一切科学研究的范畴,可谓一个"元范畴",即融总结性与生发性为一体的范畴。无论是自然科学,还是社会科学,抑或是人文科学,都规避不了对关系的思考,更不可忽视对关系的探究、发现和揭示。从某种意义上说,一切科学研究都是为了发现和揭示本科学领域形形色色的关系或关系规律,只是各自发现和揭示的关系规律不同而已。数学领域的函数关系,化学领域的物质或物质之间的各种反应式,物理学领域的各种公理、定理和定律,无一不是某种关系或关系规律的呈现和表达。可以说,一切研究若是没有抓住某些最基本的关系,不仅意味着没有抓住最基本的范畴,还意味着没有抓住研究的根本;一切研究若是没有发现和揭示最基本的关系,也就意味着没有发现和揭示最基本的规律。

从高等教育学理论体系的发展看,教育内外部关系规律可谓高等教育学理论的"元点",且在高等教育学创建之初就呈现出了一种对高等教育理论的"基础化追求"、对高等教育学说的"普适化探寻"和对高等教育学作为子学科的"元理化取向",暗合"关系生发结构、结构呈现本质、本质发散属性、属性显示特征、特征指向功能、功能生成效应"[②]的认识逻辑。

综上所述,教育内外部关系规律深藏着巨大的理论潜能,蕴含着丰硕的理论资源,只要我们愿意并善于去挖掘和开采,它就会慷慨地予以馈赠。历经数十年的建设和发展,我国的高等教育研究已经形成"以高等教育学为主

① 李枭鹰.高等教育内外部关系规律的元研究[J].中国高教研究,2016(11):12-17.
② 袁鼎生,袁开源.范式整生论[M].北京:科学出版社,2021:202.

干的学科群",出现了许多以不同的研究领域或研究方向为轴心的分支学科、交叉学科和边缘学科,展现出了强劲的发展态势和良好的发展景观,但高等教育学及其子学科的发展、壮大、繁荣和成熟依然任重而道远,因而我们有必要进一步激发和挖掘教育内外部关系规律的理论潜能和理论资源,拓展和增强教育内外部关系规律的理论功能,继承和弘扬教育内外部关系规律的理论道统,助力和推进具有中国特色或中国符号的高等教育理论体系的构建。

四、教育内外部关系规律的四个反思

探索和发现事物的运行发展规律,具有重大的认识世界和改造世界的意义与价值。正因为如此,人类总是不遗余力地去探索和发现宇宙万物的运行发展规律,以求在认识和改造世界的过程中少走弯路或取得事半功倍的效果。当今世界,形形色色的学科无不致力于探索和发现相应领域各事物的运行发展规律,同时也因为探索和发现了不同领域各事物的运行发展规律而获得学科的合法性以及学科应有的尊重。教育学是一门致力于探索和发现教育规律的学科,高等教育学在学科制度上属于教育学的一个二级学科,教育内外部关系规律是学界公认的高等教育学的"理论符号"[①]或"理论标志"。尽管如此,教育内外部关系规律依然遭受这样或那样的质疑。我们需要重视这些质疑,并以之为动力,完善、丰富和发展教育内外部关系规律,增强其解释力、改造力、预测力以及自我反思、质疑和批判的能力。

按照苏格拉底"没有经过反省的人生是不值得活的"和笛卡尔"我思故我在"的说法,我们每一个人都不能没有反思精神。抛开人生不说,面对世界万事、万物和万象,我们每一个人都需要有一种反思精神,因为这是一种哲学精神,一种"爱智慧"的精神。可以说,缺乏反思的学术成果,是不完备的学术成果。作为研究者或学人,我们既需要有研究理论的热情,也需要有对理论的反思精神,因为任何一种理论皆存在自身的"不完备性",即存在自身的缺口、悖论、反常、陷阱、坑洞,需要我们对其进行深刻而系统的反思,发

---

① 邬大光.潘懋元:高等教育学的中国符号[J].高等教育研究,2020(7):1-12.

现理论的困难,以求实现对理论的修正、完善和发展。站在科学发展的历史长河中看,即使是在最为明显或最为理性的观念背后,也隐藏着许多认识的陷阱与反常的认识。对此,我们一方面"必须与观念进行一场决定性的斗争,但我们只能在观念的援助下进行这场斗争"[①];另一方面,我们还要洞见"认识的主要思想障碍就在我们思想的认识手段中"[②]。那么,如何对观念、理念、认识、方法、手段等进行有效的反思?除了转变思想、更新观念,我们需要寻找一个"元视点"或"瞭望台",然后居其上,审视这些观念、理念、认识、方法和手段。这是另外一个话题,恕不在此赘述。

(一)如何理解教育内外部关系规律的四重表述

教育内外部关系规律主要存在以下四重表述:(1)教育存在两条最基本的规律:一条是关于教育与社会发展关系的规律,称为教育外部关系规律;一条是关于教育与人的发展关系的规律,称为教育内部关系规律。(2)教育外部关系规律是指教育要受经济、政治、文化等的制约,并对社会的经济、政治、文化等的发展起作用;教育内部关系规律是指在人的培养这一复杂的过程中,各种因素之间的必然关系。(3)教育外部关系规律可以概括为"教育要与社会的发展相适应",教育内部关系规律可以概括为"教育要与人的发展相适应"。(4)教育外部关系规律制约着教育内部关系规律的作用,但教育外部关系规律也只能通过教育内部关系规律来实现。[③]

对这四重表述加以研究,我们不难洞见:(1)第一重表述揭示了教育规律是一种特殊的教育关系或教育关系的函数,即一种本质的或本质之间的教育关系。(2)第二重表述揭示了教育关系的相互制约性、相互作用性、双向互动性、弹性必然性、网络非线性。(3)第三重表述揭示了教育规律的选择性或能动性,即教育要与社会的发展相适应、教育要与人的发展相适应,潜含人在教育规律面前具有主观能动性,暗含一种教育规律原则化的取向,即第三重表述是第二重表述的原则化,这意味着第二重表述是大前提、第三重表述是推论或结论。具体而言,"教育要受经济、政治、文化等的制约,并

---

① 埃德加·莫兰.方法:思想观念[M].秦海鹰,译.北京:北京大学出版社,2002:271.
② 埃德加·莫兰.方法:思想观念[M].秦海鹰,译.北京:北京大学出版社,2002:271.
③ 潘懋元.新编高等教育学[M].北京:北京师范大学出版社,1996:12—14.

对社会的经济、政治、文化等的发展起作用"是客观事实,其中的"要"是不带价值取向的,是大前提;"教育要与社会的发展相适应、教育要与人的发展相适应"中的"要"具有价值取向,是推论或结论;大前提客观正确,推论或结论则合理可信。长期以来,教育内外部关系规律表述中"要"等字眼,屡屡遭到诘难或诟病,理由是规律的表述是客观的,不应有带有"价值涉入"的字眼。事实上,带有价值涉入的字眼未必意味着"不客观",诸如"马克思发现了人类历史的发展规律,即历来为繁芜丛杂的意识形态所掩盖着的一个简单事实:人们首先必须吃、喝、住、穿,然后才从事政治、科学、艺术、宗教等"①,这里的"必须"与教育内外部关系规律第二重表述中的"要"一样,呈现的是"客观事实",并不带有价值涉入的意蕴。(4)第二重、第三重表述联合揭示了教育规律是决定性与选择性的统一,区别于自然规律的纯粹决定性。亦即说,教育内外部关系规律"揭示了教育因果关系的客观性和决定性,辩证地将决定性和选择性统一到教育规律之中"②,而"教育要与社会的发展相适应、教育要与人的发展相适应"则暗含着教育规律的选择性或人的主观能动性,这也是社会规律与自然规律最重要的区别所在,即自然规律是纯粹的决定性的,社会规律则是决定性与选择性的统一。(5)第四重表述一方面揭示了教育内外部关系规律是一个有机整体,两者相互规约、互相倚辅、互相成就;另一方面揭示了教育内外部关系之间还存在关系,教育内外部关系规律之间还存在规律。看不到这些,就容易片面地、孤立地、静态地理解教育内外部关系规律,滋生这样或那样的误解。

(二)教育内外部关系规律的提法是否科学

教育内外部关系规律自提出以来,遭遇了一些质疑或诘难,这些质疑或诘难相互碰撞共塑了教育规律研究的百花园,纵深推进了教育规律研究,但留下的"悬案"一直没有"了结"。这对我们完善、丰富和深化教育内外部关系规律极为不利,非常有必要讲清其中的道理,消除那些不必要的疑虑或质疑。

---

① 马克思恩格斯选集:第 19 卷[M].北京:人民出版社,1960:374.
② 李泉鹰.高等教育内外部关系规律的元研究[J].中国高教研究,2016(11):12-17.

第一，教育内外部关系规律中"内部"和"外部"的表述是否合理。这是关于教育内外部关系规律第一次"交流对话"的议题。黄济先生认为，根据规律作用范围的不同，可以将规律分为普遍规律与特殊规律，而"有人把教育与社会的关系视为外部关系，把教育与个体身心发展规律的关系视为内部关系。以此来划分内外关系，妥否？还可以继续研讨，我并不完全同意这种划分"①。孙喜亭先生认为，将教育规律分为一般规律和特殊规律"较之通常说的教育的外部规律、教育的内部规律更科学些"②。从某种意义上说，教育内外部关系规律属于教育一般规律（或教育基本规律或教育普遍规律），抑或说教育一般规律包括教育内部关系规律和教育外部关系规律。进一步说，教育内外部关系规律是教育一般规律的横向分类，它并不否定教育规律的纵向分层，即将教育规律分为教育一般规律（或教育基本规律或教育普遍规律）和教育特殊规律两个层次。当然，教育规律的纵向分层也无法否定教育一般规律（或教育基本规律或教育普遍规律）和教育特殊规律的横向分类。从该意义上说，以上的"交流对话"不在同一个"频道"上，与之相应的"质疑或诘难"理当在分类、分层的思维框架下展开。

第二，关于教育内外部关系规律的他学科求证。按照"规律即关系……本质的或本质之间的关系"的说法，"内部关系规律"实为"本质的关系"，"外部关系规律"实乃"本质之间的关系"。照此界说，从其他学科领域发现的各种规律来看，确实存在"内外部关系规律"及其表达，像毕达哥拉斯定理（$a^2+b^2=c^2$）表达的实乃一种"内部关系规律"，万有引力定律（$F=GMm/r^2$）和开普勒天体运动定律（包括轨道定律、面积定律和周期定律）表达的则是一种"外部关系规律"。基于"教育是一个关系系统或关系性存在"，也基于"教育既在关系中自成系统，又在关系中与其他系统互成系统，还在关系中生成演化"，还基于"教育关系是考察教育的元点和回归点"，立足于教育内外部关系对教育规律进行分类和表达，经得起理性的推敲和雄辩。当然，教育内外部关系规律不是所有的教育规律，它们只是两条最基本的教育规律，

① 黄济.对教育本质问题的再认识[J].北京师范大学学报（社会科学版），1998（3）:5-12.
② 孙喜亭.高等教育学及教育规律问题[M].天津：天津教育出版社，1989:56.

而且只是教育一般规律这个"规律家族"中的两个成员。教育规律是体系性、集合性、"家族性"的和多类多层性的,鉴于教育是总体性、一般性和特殊性的统一体,教育规律至少包括教育总体规律、教育一般规律和教育特殊规律,它们各自又是家族性的,每一个"规律家族"又拥有众多"家族成员",这些"家族成员"具有典型的"家族相似性"。这又是另外一个研究议题。对此,笔者待发表的拙文《高等教育规律的逻辑结构》做了详细论述。

(三) 教育内外部关系规律的理论依据是否可靠

从《实践—理论—应用:潘懋元口述史》(华中科技大学出版社 2019 年版)得知,唯物主义实践论和系统论是教育内外部关系规律的主要理论依据或方法论。毛泽东在《实践论》中如是说:"通过实践而发现真理,又通过实践而证实真理和发展真理。从感性认识而能动地发展到理性认识,又从理性认识而能动地指导革命实践,改造主观世界和客观世界。实践、认识、再实践、再认识,这种形式,循环往复以至无穷,而实践和认识之每一循环的内容,都比较地进到了高一级的程度。这就是辩证唯物论的全部认识论,这就是辩证唯物论的知行统一观。"[1]不难洞见,实践决定认识,认识反作用于实践。这是唯物主义实践论的核心要义。按照唯物主义实践论的观点,人类的生产活动是最基本的实践活动,是决定其他一切活动的基础,集中表征为"经济基础决定上层建筑,而上层建筑对经济基础具有反作用"。从系统论的视角看,教育是一个复杂系统,立足于教育内外部关系以及教育内外部关系之间的关系,探究、发现和揭示教育规律,是务本的和扎根的研究,这与"规律就是关系"内在一致。辩证唯物主义或唯物主义实践论是科学的,系统论也是科学的,这无需我们再去论证。以之为主要理论依据或方法论,考察教育规律,经得起理性的雄辩和实践的检验。教育内外部关系规律自提出以来,备受理论工作者和实践工作者的认同,经由实践反复证明绝非中看不中用的"屠龙之术"[2]。

---

① 毛泽东选集:第一卷[M].北京:人民出版社,1991:296-297.
② 李枭鹰.教育内外部关系规律的提出、对话和源流[J].厦门大学学报(哲学社会科学版),2020(5):48-53.

（四）关于教育内外部关系规律的交流对话应该聚焦于什么

我们在多种场合讲到,自教育内外部关系规律提出以来,学界围绕其进行过三次较大的"交流对话",核心"议题"依次为:(1)教育规律用"内部"和"外部"来表述是否合理;(2)教育及其过程是否存在规律;(3)教育内外部关系规律是否为一种适应论。① 稍加分析不难发现,以往的交流对话"基本上是从'内部''外部''规律''适应'等概念出发的,而对'关系'及其潜藏的间性思想、理论价值,重视不够、关注不多、挖掘不深"②。而后者恰恰是理解教育内外部关系规律的根本所在。

从逻辑上讲,既然是"关系规律",那么为什么不聚焦于"关系"进行"交流对话"呢? 对此,我们坚信:要走进教育内外部关系规律,必须先走进高等教育关系;而走进高等教育关系,又根基于对高等教育关系的本体论、价值论、认识论、方法论、目的论和实践论意蕴的系统把握。鉴于高等教育的关系属性,也鉴于高等教育关系具有特殊的本体论、价值论、认识论、方法论、目的论和实践论意蕴,建立一门"高等教育关系学"非常有必要,因为它可以为高等教育研究提供一种与众不同的认识论和方法论。

---

① 李枭鹰.教育内外部关系规律的提出、对话和源流[J].厦门大学学报(哲学社会科学版),2020(5):48-53.

② 李枭鹰,袁开源,唐德海.教育内外部关系规律的间性思想及其理论价值[J].江苏高教,2021(1):1-6.

第十二讲
教育内外部关系规律的间性思想与理论价值

————— ❧×❧ —————

    教育内外部关系规律由潘懋元先生于 1980 年提出,迄今已经四十多年。在过去的这段岁月里,学界围绕教育内外部关系规律进行过多次"交流对话";教育内外部关系规律本身经受了教育实践的反复检验,成为教育理论百花园里的一朵奇葩。一直以来,学界关于教育内外部关系的"交流对话",基本上是从"内部""外部""规律""适应"等概念出发的,而对"关系"及其潜藏的间性思想和理论价值,重视不够、关注不多、挖掘不深。之所以要重视对教育内外部关系规律之中"关系"的探讨,之所以要重视对教育内外部关系规律之中"间性思想"的探讨,是因为哲学意义上"间性"就是指一般意义上的"关系",站位高、视野广、看得远。从生态学和系统科学的视角看,教育内外部关系规律中的"关系",储蓄有教育内部各子系统以及教育与社会各子系统之间的生态平等性、辩证共生性、共和共运性和全面协同性,蕴含着丰富的生态间性和系统间性思想,而挖掘、揭示、阐明和弘扬这些间性思想,对进一步释放教育内外部关系规律的理论潜能,反思业已呈现或正在进行的教育研究与教育行动,延拓主体间性教育理论的视域,催生多样化、系列化和一般化的间性教育理论以及中国特色教育理论体系,具有特殊的意义和价值。

一、教育内外部关系规律的生态间性思想

    广义地说,主体间性可以存在不同的类型,常言的主体间性以"类主体的人"为间性主体。当代中国生态美学家袁鼎生认为,间性主体远不止"类主体的人",宇宙世界的一切存在形态皆可作为间性主体,若以生态主体为

间性主体可谓之"生态间性",以系统主体为间性主体可谓之"系统间性"。不难看出,主体间性、生态间性和系统间性的主体范围在依次扩大,从人类主体到生态主体再到系统主体,呈现出了间性主体的一般化趋向,蕴含着多样化、系列化和一般化间性哲学并发的可能性。

主体、主体性、主体间性、生态间性、系统间性是一组前后相继、内在关联的范畴,尤其是相邻范畴之间存在相互定义性或相互解释性,即不理解前面的范畴就不好理解后面的范畴,不理解后面的范畴就不易透视前面的范畴。

主体性附丽于主体,又显现于主体。在相当长的时间内,人自以为是当之无愧的主体,同时也被视为最无争议的主体。然而,人的主体性的确立,经历了漫长的岁月。古希腊时代,人与城邦在一起,所以"一个人的命运与城邦的命运结合"①。中世纪,神性凌驾于人性之上,人的主体性被遮蔽或扼杀。文艺复兴时期,人的主体性观念开始形成,人的主体性开始被唤醒,人的主体地位开始被确立。在此之后,大陆理性主义张扬了理性主体的自由;英国经验主义高扬了人类感性主体自由的价值;存在主义标志着生命主体性思想的确立;后现代主义哲学家张扬个体主体性。由此足见,人的主体性的全面唤醒,人的主体地位的真正确立,并非一帆风顺;人的主体性的系统彰显行进在路上,这个过程伴随着人的本质力量的释放。

主体间性孕生于主体性,又强化了主体性。主体间性亦称"交互主体性"或"互主体性",特指不同主体之间的"平等关系"。主体间性的提出、高扬和强化是 20 世纪的事情,这个时期的一些哲学家开始思考"一个主体是怎样完全与正是作为另一个主体的另一个主体相接触的"②。德国哲学家尤尔根·哈贝马斯如此说:"纯粹的主体间性是由我和你(我们和你们),我和他(我们和他们)之间的对称关系决定的。对话角色的无限可互换性,要求这些角色操演时在任何一方都不可能拥有特权,只有在言说和辩论、开启与遮蔽的分布中有一种完全的对称时,纯粹的主体间性才会存在。"③杨春

---

① 傅佩荣.哲学与人生:第一卷[M].北京:东方出版社,2013:49.
② 欧文斯,高地.现象学和主体间性[J].哲学译丛,1986(2):57-62.
③ 周宪.20 世纪西方美学[M].北京:高等教育出版社,2004:230.

时教授认为，"在主体与主体的平等关系中，人与世界互相尊重、互相交往，从而融合为一体。这就是主体间性的存在，存在的主体间性"①。言下之意，纯粹的主体间性是人与人之间的平等关系。主体间性思想高扬个别性与个体性的价值，强调个体主体的独立特出性、不可或缺性、不可替代性，主张主体间的兼容性、平等性、对称性。当然，在现实中，不存在纯粹的主体间性，不存在完全的、对称的、绝对的平等关系，不同主体之间只存在不完全的、非对称的、相对的平等关系，即一种"非线性平等关系"。

生态间性脱胎于主体间性，又续长了主体间性。生态间性是主体间性的生态化，是生态化了的主体间性。生态间性是各生态主体之间的平等关系，间性主体的范围不再局限于"类主体的人"，延拓到了一切生态主体，即一切生命体或生态系统。在生态系统中，无机环境、生产者、消费者和分解者在生态伦理上是平等的，它们具有平等的生态价值；在物质与能量的循环中，它们都是不可或缺的生态主体，任意一种类型的生态主体的缺失，对生态系统的发展皆是致命的折损，甚至造成整个生态系统的崩塌。在生态系统中，不同的生态主体一般处在不同的生态位上，但这并不意味着不同的生态主体的生态价值存在高低或贵贱之分。事实上，"任何有机体都是世界网络中的一个结点，没有万物之间的联系，有机体便不能生存，同样每一个机体对于生态系统整体的稳定和繁荣也发挥着自己的作用，具有相应的生态价值"②。从这个意义上说，生态系统是一个"生态价值共同体"，各生态主体在相互"摄受"中孕育、诞生、存在、发展、壮大、繁荣，也通过相互"摄受"而结成一个"生态命运共同体"，还因为相互"摄受"而彰显各自的生态价值。譬如说，一颗种子之所以可以长成参天大树，远不止是因为种子本身内在的生长的力量，还因为种子借助于土壤、水分和阳光而吸纳了宇宙间的能量，我们每一个人又何尝不是如此呢？生态间性思想将整个宇宙视为一个巨型生态圈，高扬人与自然是一个命运共同体，反对一切形式的人类中心主义，认为人类征服、主宰、控制、榨取自然，迟早会破坏生态环境，最终导致人

---

① 杨春时.本体论的主体间性与美学建构[J].厦门大学学报(哲学社会科学版),2006(2):5-10.

② 汪文勇.怀特海的泛经验主义及其生态意蕴[J].自然辩证法通讯,2017(6):131-137.

类生存危机。生态间性思想也不赞成极端的社会本位主义,因为将社会主体凌驾于个体主体之上,割裂了人与社会的辩证统一,偏离了"社会是单个人的联合体"的正道,我们需要始终恪守"人是社会的人,社会是人的社会"的总则。

教育内外部关系规律是"教育内部关系规律"和"教育外部关系规律"的简称或合称。教育内部关系规律是关于教育与人的发展关系的规律,教育外部关系规律是关于教育与社会发展关系的规律。教育外部关系规律可以表述为"教育要与社会的发展相适应",也可以进一步表述为"教育要受经济、政治、文化等的制约,并对社会的经济、政治、文化等的发展起作用"。教育内部关系规律是指在人的培养这一复杂的过程中,各种因素之间的必然关系。而在这些关系中,最基本的关系有三个:一个是教育与教育对象的身心发展以及个性特征的关系;一个是人的全面发展教育各个组成部分的关系;再一个是教育者、教育对象、教育影响诸要素的关系。教育内部关系规律就是这些关系与作用的总和。① 潘懋元先生 2018 年主编出版的《新编高等教育学》,已经将教育外部关系拓展或调整为教育与"社会的其他子系统如经济系统、政治系统、文化系统以及各种因素如人口、资源、地理、生态、民族、宗教等"②之间的关系。

从教育内外部关系的表述来看,教育内部关系包括教育者与教育者、教育者与受教育者、受教育者与受教育者以及德、智、体、美、劳等之间的关系,教育外部关系包括教育与政治、经济、文化等之间的关系。教育内外部关系规律表述中的"适应""制约"和"作用",一方面刻画了各种教育内外部关系,另一方面也肯定了所有关系对象的"主体性地位"。亦即说,教育内外部关系不只是人与人之间的关系,关系主体不只是"类主体的人",已经拓展到经济系统、政治系统、文化系统以及各种因素如人口、资源、地理、生态、民族、宗教等以及教育内部各子系统,即间性主体从人主体拓展到生态主体,即包括人主体、社会主体和自然主体,实现了间性主体的生态化,呈现了教

---

① 潘懋元.新编高等教育学[M].北京:北京师范大学出版社,1996:12-14.
② 潘懋元.新编高等教育学[M].北京:北京师范大学出版社,2018:12.

育内部各子系统以及教育与社会各子系统之间的生态平等性、辩证共生性、共和共运性、耦合互动性和全面协同性。

教育内外部关系规律呈现了教育内外部各生态主体之间的生态平等关系或非线性平等关系，即各生态主体之间相互适应、相互制约、相互作用，而不是一方单向地适应、制约、作用于另外一方；各生态主体作为一个"生态价值共同体"而存在，彼此利益相关、命运与共、责任同担；各生态主体共处在生态平等世界，相互之间是平等的交往、沟通和对话关系。但是，这种生态平等关系不是那种完全对等的、一概对称的和绝对公平的平等关系，而是不违背"生态位差别性规律、生态多样性规律、生态矛盾性规律"①的非线性平等关系，是不失"生态真理"和"生态价值"的非线性平等关系。

第一，教育内外部关系规律遵循生态位差别性规律。在生态系统中，不同的物种及其个体处于不同的生态位和相异的能量级，各自在食物链中通过彼此之间的相互"摄受"而获得一种有差别的"非线性公正"。人类社会是一个庞大的生态系统，身处其中的教育、经济、政治、文化、科技等作为生态主体，分别处于不同的生态位，彼此虽享有生态伦理、生态价值、生态意义上的平等，但在责任、职权和义务上还是有差别的，追求纯粹的生态间性，强调"完全对等、一概对称、绝对公平"的平等关系，谋求整齐划一、平起平坐、不相上下的地位，就会违背生态位差别性规律，最终使整个人类社会失去真正的公平公正性。教育内外部关系规律承认教育系统内部和教育系统外部各间性主体具有不可替代的生态地位，同时也肯定各间性主体之间只存在非线性平等关系，而非对等或对称的作用、制约、适应等呈现了这种非线性平等关系，内在地暗合生态位差别性规律。

第二，教育内外部关系规律遵循生态多样性规律。多样性是生态系统生命力健旺和保持生态稳定或平衡的保证和表征。生态多样性孕生于生态系统的丰富性、差异性、异质性和变化性，成就或生发生态系统的有序性、和谐性、稳定性和平衡性。教育内外部关系规律强调教育的主动适应性和全

---

① 这三条生态规律由当代中国生态美学家袁鼎生教授提出，本人于 2019 年听他的一次学术报告获悉，只是在表述上稍稍做了一点调整。除此之外，本文的很多思想也得益于袁鼎生教授面授。——笔者注

面适应性,推崇高等教育多样化发展和高等教育多样化质量观,主张形成多类型、多层次高等教育并举和交错的生态格局,因为高等教育只有多样化发展,才能主动和全面适应人的全面发展需要和社会多样化发展需要。高等教育自诞生以来一直在演化,整体上实现了从简单到复杂、从单一到多元、从平面到立体、从线性到网络的飞跃,成就了当下多样而异质的高等教育系统。从全球范围看,当今世界各国的高等教育系统普遍具有宏微渗透性、纵横交错性、立体网络性和类层交织性,不同类型或层次的高等教育在复杂的关系网络中既"自成系统"又"互成系统"①;高等教育系统越是发达,其高等教育关系越是复杂,不同类型或层次的高等教育或高等学校呈现出"各美其美,美人之美,美美与共,天下大同"的生态格局。这既有力地印证了教育内外部关系规律,同时也内在地暗合生态多样性规律。

第三,教育内外部关系规律遵循生态矛盾性规律。教育外部关系规律制约着教育内部关系规律的作用,但教育外部关系规律也只能通过教育内部关系规律来实现。这是教育外部关系规律和教育内部关系规律的辩证关系,呈现了教育、人的发展和社会发展的辩证关系。与一切生态系统一样,高等教育系统充满着生态张力与生态聚力,表征为高等教育作为一个矛盾对立与矛盾统一的生态系统而存在,其间存在科学教育与人文教育、专业教育与普通教育、学术权力与行政权力之类的矛盾与冲突。教育内外部关系规律以唯物主义实践论和系统论为理论依据,强调教育要全面适应和主动适应人的发展需要、社会的发展需要,同时也不回避它们之间的矛盾以及教育自身的矛盾和冲突,彰显了教育生态辩证法的特质,内在地暗合生态矛盾性规律。

二、教育内外部关系规律的系统间性思想

系统间性生长于生态间性,又升华了生态间性。从生态间性到系统间性,再一次实现了间性主体的延拓,以及间性量、间性质和间性序的升华。系统间性是主体间性的系统化,是系统化了的主体间性。在系统间性视野

---

① 李枭鹰.高等教育内外部关系规律的元研究[J].中国高教研究,2016(11):12-17.

中,一切系统都可以作为间性主体而存在,不同系统之间存在非线性平等关系。

　　教育作为一个特殊的系统而存在,其内部又包含诸多的子系统,而且每一个子系统还包含着诸多的子子系统,由此而形成立体的、网络态的系统圈套关系。社会的政治系统、经济系统、文化系统等与教育系统类似,一方面各自作为一个系统而存在,另一方面各自又圈套诸多的子系统。这些不同类型和不同层次的系统之间存在这样或那样的相互作用,并在系统关联中"互为主体"。如果说一切事物皆可视为系统,那么系统间性则为最为普遍的平等关系,即一切存在形态之间都存在不同范型的平等关系。地球自转,又绕太阳公转,还与太阳系的其他星球互转,可谓宇宙世界之系统间性的"经典缩影"和"最好诠释"。这种系统间性思想呈现了"关系既是考察系统的认识论起点,也是考察系统的认识论终点",即一切研究要从系统的关系出发,最终去揭示系统的内外部关系及其规律。

　　作为一个动态的、发展的、辩证的关系集合体,教育系统既封闭又开放,既独立又联系,既相别又共趋,由此而形成教育系统内部各子系统之间、教育系统与其他系统或系统群之间的辩证共生性。作为一个耗散结构,教育系统既耗散旧质,又吸纳新质。这种耗散与吸纳,既造成了教育系统的动态稳定性与动态平衡性,又造成了教育系统间的相生互利性与相衡互稳性,还造成了教育系统与其他系统或系统群的共和共运性。作为一个协同系统,教育系统各部分通过有序的排列,形成无多位、无缺位、无错位、无超位的生态位格和生态链环,形成所有成分都是不可或缺、不可替代、不可移位的生态格局,形成所有成分各安其位、各得其所、各尽其能的运转系统。教育系统的协同是成分与成分的协同,是所有成分与整体的协同,通过这种协同以集聚、增长和提升系统的功能,以达到实现、完善和发展系统的目的。教育系统的协同还是整体与所有成分层次的协同,与一切个别成分的协同,将系统的功能分形至成分层次与成分个体,提升它们的整体生发力。除了上述的协同,教育系统的协同还是教育系统与其他系统或系统群的协同:一方面,教育系统与社会的其他子系统如经济系统、政治系统、文化系统以及各种因素如人口、资源、地理、生态、民族、宗教等形成功能耦合关系;另一方面,教育系统还促进社会的其他子系统如经济系统、政治系统、文化系统以及各种因素如人口、资源、地理、生态、民族、宗教等形成功能耦合关系。这是典型的系统间性思想。

教育内外部关系规律强调"教育要与人的发展相适应"和"教育要与社会的发展相适应",强调教育系统内部各子系统、教育系统与其他系统或系统群的辩证共生性、功能耦合性和全面协同性,呈现了人、教育、社会之间的共生关系、耦合关系和协同关系,蕴含着人、教育和社会作为一个特殊的关系共同体、利益共同体、命运共同体、责任共同体和价值共同体而存在。对此,我们可以从三个方面去理解:一是教育从人而来,向人而去,与人同旋共转;二是社会的政治、经济、文化等也是从人而来,向人而去,与人同旋共转;三是教育的发展、人的发展和社会的发展具有同向性、共趋性,必须齐头并进、同频共振,形成耦合、协调、整一的发展格局。一言以蔽之,无论是教育系统及其内部各子系统,还是社会的其他子系统如经济系统、政治系统、文化系统等及其内部各子系统,一方面具有相对的独立性、自主性和自为性,另一方面彼此之间又相互制约、相互依赖和互塑共生,没有谁可以独善其身,没有谁可以自行其是、各自为政和独享发展成果。从内部关系看,教育系统内部各子系统之间只有形成功能耦合关系,才能主动和全面适应人的发展需要。比如,好教师、好学生、好课程和好教育是相互定义的,也是相互成就的,还是相互制约的。从外部关系看,教育系统唯有与社会的其他子系统如经济系统、政治系统、文化系统等形成功能耦合关系,同时又促进社会的其他子系统如经济系统、政治系统、文化系统等形成功能耦合关系,才能主动和全面适应社会的发展需要。这两者辩证综合,才能形成教育、人、社会三者耦合发展的大格局。

教育内外部关系规律本身以唯物主义实践论和系统论为理论依据,强调"教育外部关系规律制约着教育内部关系规律的作用,但教育外部关系规律也只能通过教育内部关系规律来实现",揭示了教育系统内部各子系统之间以及教育系统与外部其他社会子系统之间的辩证共生性,蕴含并彰显了丰富的系统间性思想,即教育系统及其内部各子系统,以及教育系统外部的其他一切系统,皆可作为间性主体。这些系统之间通过网络态的非线性相互作用,形成非线性平等关系。由此不难洞悉,以系统间性或教育内外部关系为主线,构建教育理论或重塑教育过程,生成中国符号的教育系统学或系统间性教育理论,是可为、有为和当为的选择。

三、教育内外部关系规律之间性思想的理论价值

建设教育科学研究强国是建设教育强国的先决条件,因为改造教育世界根基于认识教育世界。正因为如此,2019 年颁发的《教育部关于加强新时代教育科学研究工作的意见》强调"筑牢社会主义教育强国建设的理论基石,构建中国特色教育科学学科体系、学术体系、话语体系、教材体系,增强中国教育自信"。据此,构建有中国特色教育科学学科体系、学术体系、话语体系和教材体系,已是当今中国教育学界的责任、使命和夙愿。现在的核心问题是,实现这种责任、使命和夙愿,我们当从何入手或以什么为杠杆? 冯建军教授立足于"交往理性",主张"以主体间性重塑教育过程"①,认为"21世纪人类的交往实践格局,呼唤类主体的出现。类主体是 21 世纪教育所要培养的目标。类主体不同于个人主体,个人主体的主体性表现为一种以占有为目的的单子式主体性,类主体表现为以存在为目的的主体间性。前者的产生诉诸主—客二分模式,后者的产生诉诸主—主交往模式。当今研究主体教育,必须明确培养学生的主体间性,同时用交往的精神审视和改造现代教育"②。这为我们"建构教育理论体系"或"重塑教育过程"指出了一条值得探索的道路。鉴于教育内外部关系的复杂性,可以考虑以生态间性和系统间性建构教育理论体系和重塑教育过程。

教育系统是一个生态系统,是一个关系集合体。考察、透视和理解复杂的教育系统,必须立足于教育系统内部各要素之间的互动、各子系统之间的互动、各层次之间的互动、各类型之间的互动,以及教育系统与外部环境之间的互动。依据教育内外部关系规律所蕴含的生态间性思想和系统间性思想,按照教育内部各子系统、教育与外部系统之间的生态平等性、辩证共生

①　冯建军.以主体间性重构教育过程[J].南京师大学报(社会科学版),2005(4):86-90.
②　冯建军.主体间性与教育交往[J].高等教育研究,2001(6):26-31.

性、共和共运性、耦合互动性和全面协同性,构建新型的教育内外部关系,诸如教师与学生之间的关系,教与学之间的关系,德、智、体、美、劳之间的关系,学校、政府、社会之间的关系,教育与政治、经济、文化、科技等社会各子系统之间的关系,以及教育与地理、交通、生态环境等之间的关系,形成具有强劲的诊断力、解释力、预测力、改造力和创造力的教育理论体系,是一条有为之路、可为之路、当为之路。

以生态间性和系统间性思想为指导,一方面有助于反思教育研究,催生教育理论自觉。2010年邬大光教授在《中国教育报》发表了《走出人才培养固有模式》《何为现代大学制度》《综合性大学为谁而设》《要那么多人才培养概念吗》《大学形象之道》《大学分类的背后》《大学更名为哪般》《大学"分家"与分化》《被忽视的大学权力》《大学与"免费午餐"》《大学的远见》《大学排名与教学评估》等系列文章,用深邃的眼光洞察到不同类型或层次的大学、学科、课程、权力等具有不可替代的生态价值,批判了一些大学为了谋求更高的生态位和获取更多资源而采取的一系列非理性行为,揭示了大学教育教学及其管理中存在的各种假制度和伪人本化现象,可谓生态间性和系统间性思想在高等教育领域的"经典运用"。另一方面,有助于反思教育行动,增强教育自信,孕生新的教育生态或教育系统理论。从现实来看,至少可以帮助各级各类高等学校认清自身的生态地位和生态价值,进而增强办学自信,走出"或自惭于学校的办学类型,或自愧于学校的办学层次,或自怨于学校的地理位置,或自缚于学校的学科设置,或自毁于学校的课程教学,或自损于学校的办学形式,或自羞于学校的姓氏名称"[1]的自信危机,探索切合自身实际的特色发展之路。

作为一种"方法论"[2],作为一种教育理论的中国式表达,作为高等教育学的理论符号,教育内外部关系规律具有巨大的理论潜能,它犹如经典形核理论中的"新相核心"或生成整体论中的"生成元",饱含着中国特色教育理论体系的生发胚芽;也如同铀核或钚核,在吸收中子后可以裂变出若干小原

---

① 李枭鹰,唐德海.论大学自信的生发与升华[J].大学教育科学,2016(6):11-16.
② 刘志文,邹晓平.论高等教育外部关系规律理论的科学性——与《理性的视角:走出高等教育"适应论"的历史误区》商榷[J].教育研究,2013(11):57-64,72.

子核并释放出巨大的能量,催生教育理论的量变、序变和质变,孵化出新的教育生态理论和教育系统理论。我们当自觉走进教育内外部关系规律的理论世界,拓展和增强教育内外部关系规律的形核功能,挖掘和激发教育内外部关系规律的理论潜能,奠基和助力中国特色教育理论体系的构建。挖掘、阐明和弘扬教育内外部关系规律的生态间性和系统间性思想,只是走进教育内外部关系规律之理论世界的一种尝试,希冀可以起到抛砖引玉的作用。朱光潜在《谈美》一书中如此感叹:"悠悠的过去只是一片漆黑的天空,我们所以还能认识出来这漆黑的天空者,全赖思想家和艺术家所散布的几点星光。朋友,让我们珍重这几点星光!让我们也努力散布几点星光去照耀那和过去一般漆黑的未来。"①与此相较,当今我国教育理论的天空可谓繁星灿烂,而教育内外部关系规律作为星光最为璀璨的那一颗,始终照亮和指引着我国教育尤其是高等教育"找北"和"转向"的道路,让我们珍惜和散布其璀璨的星光,最大限度地释放教育内外部关系规律的理论价值,最大限度地兑现教育内外部关系规律最深处的理论承诺。

---

① 朱光潜.谈美[M].北京:中华书局,2015:6.

后　记

　　本书由已发表的相关论文和博士生课程"高等教育学基本理论专题"的部分讲义集结、整理、修改、重组和拓展而成。其中，与本书密切或直接相关的论文如下：李枭鹰、尹宁伟的《论高等教育学学科属性及其建设》，发表于《中国高等教育评论》2012年第0期；李枭鹰的《教育内外部关系规律的提出、对话和源流》，发表于《厦门大学学报（哲学社会科学版）》2020年第5期；李枭鹰的《高等教育学元范畴的探寻与确证》，发表于《中国高等教育评论》2020年第2期；李枭鹰、袁开源、唐德海的《教育内外部关系规律的间性思想及其理论价值》，发表于《江苏高教》2021年第1期；李枭鹰的《论高等教育学学术体系的四重属性》，发表于《高等教育研究》2021年第6期；李枭鹰、陈武元的《高等教育学逻辑起点研究的"四个反思"》，发表于《江苏高教》2021年第12期；李枭鹰的《高等教育关系是什么——关于潘懋元教育内外部关系规律的本体论探问》，发表于《江苏高教》2022年第8期；李枭鹰的《高等教育学理论的本质、判定和建设路向》，发表于《现代教育管理》2022年第11期；李枭鹰的《教育内外部关系规律的前提性追问与辩证性反思》，发表于《中国高等教育评论》2022年第2期。

　　本书在写作过程中参阅了不少学者的思想和观点，在此，我深表感谢！本书的出版得到了广西师范大学出版社的大力支持以及大连理工大学"管理工程"学科建设经费的资助，对此，我深表感谢和敬意！

李枭鹰

2022年10月26日